培养高情商男孩
如何培养孩子的社会能力

尹丽华 ◎ 编著

四川人民出版社

图书在版编目（CIP）数据

培养高情商男孩：如何培养孩子的社会能力／尹丽华编著.— 成都：四川人民出版社，2021.3
ISBN 978－7－220－11274－4

Ⅰ.①培… Ⅱ.①尹… Ⅲ.①男性－家庭教育
Ⅳ.①G78

中国版本图书馆 CIP 数据核字（2021）第 037205 号

PEIYANG GAOQINGSHANG NANHAI：RUHE PEIYANG HAIZI DE SHEHUI NENGLI

培养高情商男孩：如何培养孩子的社会能力

尹丽华/编著

责任编辑	王卓熙
技术设计	松 雪
封面设计	松 雪
责任印制	李 剑
出版发行	四川人民出版社（成都市槐树街 2 号）
网 址	http://www.scpph.com
E－mail	scrmcbs@sina.com
新浪微博	@ 四川人民出版社
微信公众号	四川人民出版社
发行部业务电话	（028）86259624 86259454
防盗版举报电话	（028）86259624
印 刷	三河市泰丰印刷装订有限公司
成品尺寸	143mm×208mm
印 张	6
字 数	136 千
版 次	2021 年 3 月第 1 版
印 次	2021 年 3 月第 1 次
书 号	ISBN 978－7－220－11274－4
定 价	36.00 元

每个男孩都拥有梦想，都想努力塑造自我，都想有出众的能力，长大以后能够出人头地、功成名就。然而，在学校期间成绩差不多的男孩，长大后，有的会实现自己的梦想，成长为卓尔不群的优秀男子汉；有的却表现平平，最终庸庸碌碌过一生。为什么会有如此之大的差别呢？关键就在于他们对社会适应的能力。

在这个发展飞速的社会当中，要想让自己的孩子在未来的生活中拥有属于自己的一片天空，父母就必须要培养孩子的社会适应能力，让孩子拥有高情商。

现在的孩子生活条件都非常优越，他们从来都是衣来伸手、饭来张口，没怎么受过委屈和挫折，所以父母要让孩子适当地受挫，这样可以增强孩子的耐挫力。

父母要给孩子一个属于自己的独立空间，让孩子学会自己去处理和面对一些事情，这样可以培养孩子在父母不在身边时可以熟练和冷静地面对一些事情的能力，也就是培养了孩子的独立性。

父母要注重开阔孩子的眼界与增长孩子的见识，多带孩子到陌生的环境和陌生的地方，比如利用暑假多带孩子去游玩，培养孩子与陌生人打招呼和交流的能力。

父母要想培养孩子的社会适应能力，可以让孩子从小就帮助大人做一些力所能及的事情。

让孩子学会帮助别人，感受帮助别人后获得的喜悦感和成就感，让孩子成为一个拥有爱心的人。

父母要培养孩子为人处世的交际能力，教育孩子不要总是什么都只考虑自己，要学会尊重别人，让孩子明白不管是在自己的小家庭中，还是在未来的社会中都要尊重和理解别人，只有这样自己才可以得到别人的尊重。

培养高情商男孩，提升孩子的社会能力，让孩子在进入社会后，成就非凡的人生。

2021 年 2 月

目录
contents

摸透男孩的心思：

永不服输，全世界都是我的

我就是"老大"，服不服

作为家长，你一定见过这类孩子，他们有着极强的领导力，有能力带领团队实现他们的"小目标"，并且他们对成为"领导者"和"王者"非常渴望。不仅如此，他们还有着看似不属于这个年龄段的极强抗压能力和抗挫折能力。他们似乎带有一股霸气，会自然而然地成为其他孩子眼中不折不扣的"老大"。

这类孩子之所以能够成为"领导者"，首先是因为他们想当"老大"的欲望强烈，其次是因为他们的性格适合做一个"领导者"。

目标性强的孩子远非平常所见的普通小孩，他们不像其他孩子一样无忧无虑地做着自己的白日梦，相反却有着实际的目标。要做同伴中跑得最快的那个人、要背最多的唐诗、要最先完成作业……他们的梦想就是成为目前现实里最厉害的那个人，让身边所有的人都追随他、崇拜他。成为其他小朋友的"领头羊"，这是他们最大的愿望。

另外，他们还有超乎寻常的耐性，犹如非洲的"平头哥"一样，永不放弃。对于胜利的渴望以及为了实现目标不断尝试各种方法的毅力，还有决绝的执行力、强大的事务掌控能力，使他们几乎完全具备了作为合格"领头羊"的条件，所以他们顺理成章地成为同伴中的"领导者"。事实也是如此。一群孩子在玩耍的时候，这类孩子自然而然地就充当了"孩子王"的角色；而在学校，他们也容易凭借这些优点迅速成为班级干部；同样，他们也会在某场活动中充当优秀组织者的角色。让人惊讶而又佩服的是，无论是玩游戏，还是学习，抑或是从事其他活动，大家都非常钦佩他们、信任他们，乐意让他们充当这个重要角色，毕竟，顺利完成任务也是大家所乐于见到的。这就是这类孩子的魅力。

我们已经知道，这类孩子有着极强的控制欲和目的性，在学习中他们知道自己要学什么，哪种学习方法最适合自己，他们不喜欢家长在旁边对他们的学习指手画脚，这会"挫伤"他们的控制欲。所以家长要充分相信他们的学习能力，给予他们足够的信任与支持。此外，他们不服输，自尊心和好胜心都很强，家长可以利用这一点，巧妙地采取"激将法"来激发孩子对学习的兴趣。比如，盼盼对数学的兴趣不大，妈妈就可以对盼盼说："楼上的洋洋这次数学成绩100分，她可真厉害！"自尊心很强的盼盼听了自然心中不服，也知道妈妈的意思，他就会暗自努力。不过不管盼盼下次的数学成绩是否超过了洋洋，妈妈都要给盼盼以赞赏和拥抱，让他知道自己的努力获得了认可。

况且，这类孩子的目标可不仅仅是成为其他孩子的玩伴，或者是获得好成绩，他们还渴望成为其他孩子的"领导者"。当然刚开始大家是不信任他们的，可是后来大家发现他们说话做事都有一种"领导范儿"，无论是玩游戏还是做其他事情，他们都能够做得很好，于是大家也在不知不觉中把他们当成了"孩子王"。

他们不甘心仅仅成为同龄人中的"孩子王"，而是立志做所有人的"孩子王"，这就是他们的"强大内心"。他们对第一有着强烈的渴望，做什么事情都要努力做到最优秀、最高效。不仅如此，他们还自我加压、严格要求，"没有最好，只有更好"。看看他们的所作所为，什么是强者？这就是！他们总是着眼于当下，解决最实际的问题，这就是真正"活在当下"的人，在自己的领域做到最好。

抱着务实的态度，他们认定目标不放松，但不会好高骛远，这使得他们能够实现一个又一个目标。我们不得不承认，这类孩子在做一件事情时具有其他孩子难以企及的魄力和执行力，确实具有成为"王者"的潜力。

也许很多人会认为，这样的孩子还能有快乐的童年吗？其实不必担心这个，正所谓"子非鱼，安知鱼之乐"，他们的快乐恰恰来自对一个个目标的追逐、翻越一座又一座高山、解决一个又一个难题，身上的霸气也使得周围的同伴甘愿"唯马首是瞻"。他们既有对"王者"身份的强烈渴求，又具备了成为"王者"的种种条件，让人感觉他们就是为成为强者而生的。

此外，他们的内心是非常认同挑战的。在他们的意识里，人生就是要不断完成一个又一个挑战，"生命不息，挑战不止"是他们的信条。虽然有些孩子也喜欢挑战，但他们的挑战和这一类型的孩子完全不同。普通孩子仅仅认为挑战需要与众不同的想法，然后去尝试和体验就可以了，尝试和体验越多越好，但是对成功没有强烈的追求和渴望，他们对成功与否抱着无所谓的态度，他们的快乐仅仅来自初次尝试带来的新鲜和刺激的感觉。而我们所讨论的"领导者"孩子，他们认为挑战仅仅是达成目标的必经之路，成功才是终极目标。达成一个个目标，攀登一个又一个顶峰，才是人生的终极意义。如果事情没有成功，就意味着失败，没有"安慰奖"。正因为抱有这样决绝的态度，他们才善于把事情做成，因此也才能够成为最终的赢家。

总之，这类小孩是天生的"领导者"和"老大"，而且让周围的人特别信服，这才是让人赞叹不已的绝妙之处。

我怎么会失败？不可能

有些孩子拥有强烈的胜利欲望，在他们的字典里没有"失败"这个词。在他们的潜意识里，不相信自己会失败，更不会承认自己会失败，他们相信最终的成功一定属于自己，不会旁落。这一点，他们不需要别人给他们鼓励，他们是天生的励志者。

这类孩子自认是天生的"王者"，他们就认一个道理——"成者为王，败者为寇"。他们不接受失败，也不允许自己失败，即便真的失败了，也不承认，只是认为自己暂时没有实现目标罢了。所有的压力和挫折只是成功道路上的小插曲，他们对其不屑一顾。他们的眼睛只盯着最终的成功，他们只关注自己最终会得到什么、实现什么。所以，他们不会为实现成功的过程中一时的"失败"而纠结，在他们的定义里，所有的不成功都不算最终结果，而只是成功道路上一时的"不顺利"。

这类孩子"自我催眠"式的激励方法简直令其他孩子崇拜得五体投地！当其他孩子被失败打击得七慌八乱、痛苦不堪的时候，他们却安然无恙。这样对比起来，他们便是真正的强者。这类孩子不仅一点儿都不害怕失败，还希望有人来挑战自己。因为如果没有人挑战，他们就只能默默无闻，从而失去前进的动力，这会让他们很难受，正应了那句话——"无敌是多么寂寞"。有许多孩子害怕竞争，因为竞争会让他们感到很大的压力，他们只喜欢默默地做自己喜欢做的事情，一副与世无争的样子。而"领导者"孩子热衷于竞争，因为竞争会刺激他们的兴奋点，让他们不断进步。在这个过程中，不断超越他人带来的快感反过来刺激他们更加坚信这一点。

宁宁的学习成绩一直非常好，几乎每次考试都是年级第一名。按理说这样的学习成绩是其他同学和家长都求之不得的，但宁宁并不满足，反倒相当痛苦。因为长期处于年级第一的位置，没有旗鼓相当的对手出现，没有哪位同学在学习上能跟他一争高下，没人能威胁到他的地位，所以他无法体验超越别人的快感，相反倒要为了保持第一而焦虑。用一句俏皮的话来说：他要么倒退，要么保住第一的位置。没有人竞争的滋味儿让宁宁很难受，很像大侠"独孤求败"，这种日子一久，让他感觉相当无聊。

有一天，平静的日子终于被打破了，宁宁的眼神里充满了兴奋，就像狮子看到了期待已久的猎物。原来是班里转来了一个新同学，老师介绍说这位同学德智体全面发展，无论是学习成绩还是在书法、绘画、音乐等各方面都很优秀。宁宁听老师这么一说立刻兴奋起来："哇！太好了，终于等到个能掰手腕儿的！哼，看我的吧。"

果然，这位新同学来到班里后不久，学校就组织了一次月考，一出手就把宁宁从"长期霸主"的位置上拉了下来，宁宁不得不屈居第二。同学们都兴奋地私下聊天："哈哈，好厉害，一来就把宁宁给打败了。"这次的成绩比以往任何一次都更具有爆炸性。宁宁一点儿都不服输，对同学们的说法非常不爽："什么叫打败了？我根本就没有失败好不好，他只是赢了我一局而已，以往我总考第一也没见你这么兴奋。等着瞧，以后考试还多着呢，看谁能赢到最后！"一次屈居第二并没有让宁宁感觉到失败，反而点燃了他的斗志，他在学习上更努力了。果然，二人相互较劲，最终带动全班同学都加入比赛，在小升初的考试中，全班同学都取得了不错的成绩。

"谦虚使人进步，骄傲使人落后"这句话并不适合宁宁这类孩子。在他们眼中，唯有竞争才有乐趣，即便在竞争中暂时处于劣势，也是痛并快乐着，因为这会让他们感到紧张、感到有压力，也会感到很刺激，因为他们又有了目标，目标就是要赢！

只要内心有目标，他们就会镇定自若，而没有目标只会让他们狂躁，他们是不惧"失败"的。不惧的最大原因是他们的内心根本就不认同自己的失败——"我哪里失败了？我只是这一次没有表现好而已"。同样的情境，其他孩子需要别人的安慰和鼓励才能恢复一点儿自信，而"宁宁们"并不需要，他们认为自己是最厉害、最优秀的，必然是最后的成功者。在自信这方面，没有人能超越他们。

不服输的精神使这类孩子在生活中获得了一次又一次成功。长大后，他们也会因这种性格而成为最容易"成大事"的人。这当然是他们一个得天独厚的优势。但是，作为父母一定要让孩子学会利用这种优势，否则会适得其反。

我没错！你们肯定在欺负我

有句名言说得好：人不犯错，啥也不会做。但有一种小孩就是拒不承认自己犯错。"有错就改就是好孩子"，但这类孩子可是从来不肯做这样的"好孩子"。"承认错误，你仍然是个乖宝宝"，但他们就是嘴硬，从始至终不承认犯了错，面对他们这种对待错误的态度，难免让人抓狂。没错，这类孩子从来就是这样的态度："我没错，我怎么会错？我就是没错！"

拒不认错是他们的原则，无论事实如何。"我怎么会有错呢？再没有比我更正确的了。"他们自以为是，甚至有些不可理喻。那么，为什么他们有如此执拗的想法？这来自他们超强的自信。作为极其自信的一群人，他们相信自己永远无比正确，没有人比他们更接近真理。根深蒂固的思想让他们无法接受"我错了"的论调，更不可能向别人认错。他们不但不会自己否定自己，也无法接受别人对自己的指责与否定。

他们从来不认错，其中的一个原因就是内心从来不服人。任何人说的话都不可全信，你说我错了，为什么你的话我就要听呢？

无论你是谁，就算是我的父母师长也不能以权威压我，逼我认错。任何人都不能用身份和权威压制他们，命令他们认错。甚至，他们有时还无理搅三分。

这类孩子具有强硬的性格，在日常生活中自然少有他们向别人妥协的局面。因为承认错误就是承认自己失败，这对他们来说是无法接受的。这种死不认错有时是一种对现实的逃避，无法接受一个真实的、会犯错的自己，总之是强烈的自尊心在作怪。即便内心真的意识到自己错了，他们仍然是"煮熟的鸭子，就剩嘴硬"。

嘉嘉是幼儿园中班的一名小朋友，他活泼好动，性格也非常开朗，而且平时很喜欢帮老师和其他小朋友做事情，和其他小朋友玩得很好。可就是有一点，他很多事情常常按自己的想法去做，尤其是当他犯了错误，老师和其他小朋友告诉他他犯了错时，他总是不承认，并极力为自己辩解。

有一次，老师布置了课堂手工作业，其他的小朋友都在做手工，叽叽喳喳地讨论着，好不热闹。这时，嘉嘉趁老师忙着指导其他小朋友的空当儿，一个人偷偷地溜到教室外面去了。"哈哈哈……"一阵得意的大笑从室外的走廊传入教室，只见嘉嘉正在得意地把脸贴在玻璃窗上，一个劲儿地冲着教室里的同学们做鬼脸。老师虽然非常生气，但知道一旦大声呵斥，会让嘉嘉的内心受到伤害，但是如果不处理的话，课堂纪律将无法保证，这堂课就算完了，于是，老师悄悄地让跟嘉嘉平时玩得好的乐乐去叫他回来。乐乐很快就跑出去拉着嘉嘉的手进来了。老师什么也没说，只是一直盯着嘉嘉看。老师原以为他会感到难为情，因为大部分小朋友都会在自己做错事时感到羞愧，甚至大哭自责。

谁知，嘉嘉跟没事儿人一样，就像刚才发生的一切跟自己无关。老师觉得他这样太不像话，就继续盯着他看，希望他能够认识到自己的错误，并跟全班同学道歉。但一声刺耳的喊叫彻底打破了老师的希望。"为什么盯着我看！我哪儿错了？"看来嘉嘉是无论如何也不会承认错误了，但此时老师不做任何表态就会让其他小朋友认为"犯错也不过如此"，不利于保证以后的课堂纪律，所以老师就指出他的行为影响了其他小朋友，也影响了自己手工作业的进度。听完老师的批评，嘉嘉委屈地当场就哭了，还说老师和同学都欺负他。这么任性的孩子让老师也颇为头疼。

嘉嘉的逻辑就是："我是不会错的，错了也是因为你们。"这类孩子无法接受是自己做错了事这个事实。就算证据确凿，他们不得不承认时，也会想当然地认为，自己的错误是因为其他人的错误而引起的，自己绝不是主谋，而是被动犯错。他们常说的一句话就是："如果不是因为你，我会这样吗？都怪你！"同时还会极力指出对方的错误来攻击对方，虽然他们并非恶意攻击对方，仅仅是为了躲避来自对方或周围的指责，但客观上还是给别人带来了不小的伤害。

只会发现别人的缺点，而忽视自身的毛病，这类孩子就是具有如此霸道的性格，让人又好气又好笑。他们对待自己犯错的态度很是让人无奈，尚未明白"人非圣贤，孰能无过"的道理，只觉得人就应该完美无瑕，自然无法接受"知错就改，还是好孩子"

的理论，他们心想：是不是"知错就改"的好孩子不重要，关键是我不会犯错、不能犯错，只要我不犯错，我就是最优秀的、最棒的，自然就是好孩子，不用通过承认错误而成为好孩子。因此，父母更别想用"威逼利诱"的手段让他们承认错误。因为他们有着足够强大的内心，自然不怕"恐吓"。

他们面对错误有着顽固的"抵赖"态度，不像有些孩子，虽然也会为自己的错误找理由或借口，但最终会规规矩矩地承认错误，并表示绝不再犯（别管效果如何）；还有的孩子也是百般抵赖，不接受别人的批评，但内心是服气的，知道了自己的错误，并深刻反省。只有像嘉嘉那样的孩子，不仅口头上不承认错误，而且内心极为抵抗，拒不认错。

这类孩子非常关心自己在成人和同伴眼中是什么样子，所以总是努力维护自己的形象，哪怕通过"拒不认输"这种非常规手段，以至于无法面对自己的失败、错误和不足。他们用"我不会犯错，我不能犯错，我怎会犯错"来掩饰自身的错误或缺陷，努力维护自己"完美"的形象，时刻提醒自己是最优秀、最成功的那个人。

虽然这样的孩子有极强的上进心，但家长要注意控制不好的苗头，让他们明白怎样正确对待自身的错误，避免走向极端。

我们不相信眼泪

在人们的一般认知中，只有懦弱的人才会流泪，我们从小接受的教育就是"男儿有泪不轻弹"。当前，当孩子特别是男孩子凡事爱哭或者无法自己面对困难和挫折而导致情绪崩溃大哭的时候，父母常常这样安慰他们："小小男子汉，哭什么？"不过这句话是一个高频而无用的句子。大多数孩子根本不理这一套，将父母的劝说置之不理，该哭还是会哭，根本不是你想象的那样，一劝就听，一听就停止哭泣。然而，凡事都有例外，确实存在这样的一群孩子，他们无须你烦恼，更不需要你的劝说，因为他们从来就不相信眼泪，也从不以眼泪换取同情或实际利益。

这类孩子从来不相信眼泪能解决问题，而是相信只有靠自己的努力才能达成所愿，他们认为：哭一场能解决什么问题呢，除了说明自己是个懦夫和胆小鬼之外，毫无用处。既然没有实际的用处，那就没必要大哭大闹。他们是绝对的"实用主义者"，从不做毫无意义的事情，否则就是浪费精力和时间。与其这样，还不如想想怎么解决问题，这才是最需要考虑的。

这类孩子属于天生的理智型，他们能够很好地控制自己的情绪，一切以结果为导向，绝不会无意义地浪费精力。但有一点值得注意，那就是"易暴躁冲动"，这是他们最大的弱点。但这也是他们内心强大的外在表现，在他们的理念中，这是可以表露出来的，甚至是他们引以为傲的，但痛哭流涕就是极其软弱的行为，是他们无法接受的懦夫表现。这是他们与生俱来的性格特点：一个内心强大的人，一个永争第一、永不言败的人是无懈可击的，是没有任何弱点的强者。既然要做个强者，是不能接受凡事都以哭泣来面对的行为的。不仅如此，就连爱哭的同伴也不能入他们的法眼，他们从内心对其感到不屑，认为哭泣让人显得非常懦弱和幼稚，他们不齿与之为伍。

他们信奉"男儿有泪不轻弹""我是小小男子汉"，要像大人一样，不能动不动就掉眼泪。虽然他们并不懂这些话的意思，但早已经按照"我是男子汉大丈夫"的标准要求自己了，并在日常生活中不断强化这一点，这深深影响了他们的性格，最终烙印并体现在他们的做事风格上。

明明和聪聪是楼上楼下的邻居，也是向阳小学的同班同学，平时两人玩得可好了，是从小玩到大的朋友。

有一次，两个人都看中了沃尔玛商场里的一款滑冰鞋，于是约定各自回家让家长给自己买，周末好一起去滑冰。明明回到家就告诉了爸爸自己的要求，却遭到爸爸无情的拒绝。爸爸非但不给买，还训了他一顿："一切以学习为重，别总想着乱花钱，以后考了好成绩才给买玩具。"一旁的妈妈也不帮腔，明明知道买滑冰鞋的计划算是泡汤了，但也没说什么，只好快快地上床睡觉。

第二天，两人碰面了，聪聪双手提着一双崭新的滑冰鞋，叫嚷着向他炫耀："看，我爸妈给我买了。"

"哇！你爸妈可比我爸妈好多了，还真答应给你买。"

"其实他们开始也不答应给我买，是我自己争取的。"

"哦，你有什么妙招啊？"

"我爸刚开始不给我买，我就特别难过，忍不住就大哭了起来。爸爸不理我，但我妈在一边给我说好话。而且我还一直跟在我爸屁股后面，缠着他。后来我爸耐不住我和我妈两人的唠叨与纠缠，就答应给我买了。"聪聪得意扬扬地讲述自己的"奋斗史"。

"嗨，你这是死缠烂打，用眼泪换来的战利品啊。"

"也可以这么说吧。"聪聪说，"总之我拿到了我想要的东西。你不妨也试试啊，保准你爸妈给你买，每次我爸爸批评我或者我要买什么东西时，我就会用这一招，很灵的，哈哈！"

"切！"明明有些鄙视自己的伙伴，"我才不会用这个办法，男子汉要光明正大，能买就买，不买拉倒。用哭来得到玩具，亏你想得出来！哭泣显得太无能了，我是不会这样做的。"

"哼！我是弱者，你强，你怎么没有得到滑冰鞋？有本事你想个更好的办法得到滑冰鞋呀。"聪聪听出了明明对自己的不满，也有些不高兴起来。

"我会有办法的，但前提是不用这种无能的办法！"

两人最终不欢而散。

即便像明明这样的孩子有时会为了目标而"不择手段"，但绝对不能以牺牲自己的尊严为代价。对他们而言，颜面有时更重要，他们非常在意自己在旁人心中的形象，因此，绝不会做出聪聪这样的举动。即便像明明那样被父母拒绝和批评，他们也不会流露出失望和难过。而且，他们其实也并不怎么难过。他们之所以不爱哭泣，并不是要刻意压抑和控制自己的情绪，而是性格决定了他们没有太多痛苦和不好的情绪，根本无从谈及以哭来发泄情绪。

他们的注意力只在解决问题上（如明明要买滑冰鞋），而不是如何表达情绪。他们的神经有些大条，并无细腻的情感，对周围人的情绪波动也没有足够的敏感度。他们就事论事，从来不会因为批评或说教而闹情绪，完全不会！他们的所思所想都表现在脸上，对别人的批评从来不往心里去。

他们从来不在乎别人的看法，也不会因为别人的看法而改变自己。"身正不怕影子斜。走自己的路，让别人说去吧。"他们虽然外表不为所动，但内心有着自己的心理活动："你们爱怎么说是你们的自由，等我通过努力完成所愿，你们都会佩服我的。"总之一句话，在成功之前，他们不相信任何眼泪，具有实干精神，这一点非常值得赞赏。

"虎爸虎妈"式教育并不可取

最近非常流行一种教育理念："虎爸虎妈"式育儿。中国也有一句育子良言："棍棒之下出孝子。"对于这种现象，我们一定要学会分析，不可盲从，否则就太肤浅了。其实，这句话并不是说父母一定要通过打骂才能教育出优秀的孩子，而是说对孩子要严格要求。许多中国人似乎都很认同这句话，不过，有些父母是因为只知其一，没搞明白这句话的真正意义，从而造成"照猫画虎反类犬"的后果，不免常常抱怨："为何孩子不怕我？我越严厉，我的孩子就越不听话、越叛逆呢？"

没错，这个规律具有普适性，但如今的孩子各具特色，并非所有的孩子都可以成为"棍棒之下的孝子"。凡事总有例外，有一类孩子就是与众不同，你对他们越严厉，他们就越反其道而行之，越无法无天。

这类孩子脾气大，还非常叛逆，容不得别人对他们说重话，更别说动手了。对待这样的孩子，不能用强硬手段让他们服软、认错，这是他们与生俱来的脾性，就像关汉卿自称是蒸不烂、煮不熟、捶不扁、炒不爆、响当当的一粒铜豌豆。所以，所谓的"棍棒出人才""虎爸虎妈"式教育法，在他们身上都不适用，若强行使用，还容易激发他们的逆反心理，反而适得其反，达不到教育的效果。

萌萌原来是一个非常爱学习的孩子，老师和家长对他的期望也很高，但是到了四年级以后，学习成绩却下降了很多，而且经常逃课去网吧玩游戏。父母和老师对他非常失望，也很头疼他的学习情况，但是骂了很多次也不管用。

原来，他逃课是因为他觉得老师讲的内容太简单，而且反复讲好几次，让他觉得很烦。老师觉得他挑战了自己的权威，对他进行了批评。这激起了萌萌的逆反心理，所以选择了逃课这种反抗方式。父母听说他逃课后，二话不说，直接一顿揍，还批评他不听老师的话，而且一点儿都不听他的解释。父母和老师的错怪，让萌萌的逆反心理越来越强，他不仅逃课，还经常晚回家。

后来父母意识到这样解决不了问题，就特意抽出时间跟他进行了深入沟通，发现了萌萌不爱学习的原因。

经过上次交流后，萌萌的父母带着他去跟老师进行了一次谈话。三方心平气和地探讨了萌萌逃课的原因，萌萌也向老师道了歉。老师意识到自己的做法有些偏激，没有照顾到学生的感受，也向萌萌道歉了，最后双方和好。

现如今，不仅是家长头疼，就连有些老师也开始抱怨：现在的孩子越来越难管教。其实，只要把父母、老师和孩子之间的关系定位正确，互相尊重，孩子是不会刻意跟你过不去的。

虽然萌萌的爸妈一向信奉严厉的教育方法，可这个方法在萌萌身上一点儿用处都没有，萌萌变得越来越难管教。幸好他们及时发现自己的错误，并采用有效的方式与孩子进行了沟通，最终取得了不错的结果。

这样的结果还是比较令人满意的，但现实生活可并不会如此尽如人意。为何？因为有许多孩子是有泪不轻弹的，你打骂得再狠，他们也不会屈服，甚至还会产生憎恨家长和老师的情绪。所以，无论是老师还是父母，千万不要武断地认为他们会因为你的打骂而对你产生敬畏或者承认错误。一定要放弃这种"想当然"的思维方式，因为他们就像被压在五指山下的孙悟空，即便是被压了五百年，依然天不怕地不怕。别想让他们因为你的威压而屈服，他们只会用更极端的方式来挑战你、报复你，甚至造成无法预想的后果，这一点一定要注意。

既然硬来不行，那就不要采取这种会引起情绪化后果的方式进行教育，不妨学学萌萌的父母，多些耐心，多些思考，让彼此打开心结，真正从根本上解决问题。对于这类孩子，一旦他们出现问题，不妨先放下身段，不要采取强硬措施，而是"曲线救国"，采取更加柔性的手段。

1. 尽量采用温和语气，打消孩子的抵触情绪

如果想让他们接受你的建议或者批评，首先得让他们接纳你，而不是站在你的对立面。任何一个孩子都对父母的指责有着强烈的抵触情绪，有些倔强的孩子还会反过来找碴儿。所以，父母不妨放低姿态，放下高高在上的强硬态度，转而用温和的态度和语

气与孩子说话。父母温和了，孩子自然慢慢会放下"架子"，这样交流才能进行下去，否则，只会硬碰硬。不会柔性处理，效果只会更糟，达不到教育的目的。

2．就事论事，对孩子过往的错误不过多指责

对于一向自傲而拒不认错的孩子，千万不要揪住小辫子不放，不要不停地指责、强化他的错误或逼他立刻承认错误。这不仅让孩子的自尊心受到强烈打击，还会引爆他内心强烈的抵触心理，从而导致彼此的关系越来越僵。不如学会冷处理，然后多和孩子就事论事，就现在的问题提出一个双方都认同的解决方案。

3．多分析问题，让孩子争取以后做得更好

当他们真的放松心情，能够与你真心交流沟通时，你再轻描淡写地指出这件事情他们错在哪里，为什么会错，怎样才是正确的做法，如何避免再犯错，等等。如果他们听得进去，那么恭喜你，这说明他们真的明白了你的良苦用心，也认识到了自己的错误，这其实就是委婉地接受了你的意见。此时你应该适可而止，不必追求形式，非要他明确表态自己错了。无须一句承诺，更不必进一步指责，因为事情到此已经解决，已经是双方都乐见的结果。

记住，这些孩子是"牵着不走，打着倒退"的犟驴脾气，一定要捋顺他们的脾气。与其采用强硬的手段让他们反感，不如让他们就坡下驴，这样才会皆大欢喜。所以，我们说，教育的前提是必须了解孩子的特点，教育者本身要懂得如何照顾孩子的尊严，如此才能找出最佳的解决方案，让孩子获得最好的教育。

第一真的很重要吗

对于好胜心强的孩子来说，即便是第二名的好成绩，也不是令人满意的，他们对第一和胜利有着极强的欲望。而且他们不是在某一方面追求最好，而是凡事都要争第一。无论是在学习中，还是日常生活中，就算是买东西，也要在品牌、价格等方面获得心理优势，更别提和同伴做游戏，无论如何也要拿第一。在他们的认知中，人生就像面对一个又一个叫作"第一"的大山，他们的乐趣就是不断翻越、不断征服，这是他们与生俱来的特质。

这种争第一的欲望，客观上提高了这类孩子的学习积极性，从而促成了他们在各个方面都出类拔萃。但是，任何事情都拿到第一，是否容易做到？其他孩子能否参考他们的成长轨迹，也走这条路呢？如果尽力之后仍然离目标非常远，他们能否承受这个心理落差？一旦无法成为第一，该怎么办？而且，如果长时间将人生焦点聚集在任何事情都要做到第一上，从而忽视了人生美好的过程，始终处于精神紧张的状态之中，他们能否承受如此高强度的紧张心理？

追求第一、争当最优秀的人本身并没有错，甚至是值得鼓励的。但是，不顾自身综合实力，盲目追求第一，则是一种病态心理。明知不可为而为之，达不到目标还不依不饶，甚至生闷气，就不太正常了。毕竟，人生还有比争第一更有趣、更值得去做的事情。

王先生在一家公司做中层领导，他的儿子毛毛今年 11 岁，上小学四年级。毛毛是个非常懂事的孩子，也非常省心，学习向来不用王先生和他的妻子费心，年年都是"标兵"，考试经常是满分或者是最高分。王先生的朋友、同事都非常羡慕他，常常向他请教"育儿经"。王先生也觉得自己的儿子特别争气，但自己平时确实没有多费心思。儿子天生优秀，他对此非常心满意足，甚至感谢老天赐给他这么个优秀的儿子。他平时只是告诉儿子尽量把事情做好，不要马虎了事、随便应付。

毛毛从小就特别倔强，爱钻研问题，做事向来思前想后、一丝不苟。所以他无论是考试还是做作业，都会力求正确解答每道题目。

王先生和妻子都知道儿子有这个习惯，觉得儿子小小年纪就能做事尽善尽美，实在难能可贵，值得赞赏，但慢慢地，他们发现儿子出现了问题。

每次考试前，儿子都要努力复习，甚至达到了自我摧残的地步，为了背诵一段文章三更半夜也不睡觉，就是为了争个好名次。王先生曾偶尔看到毛毛的自我总结，说自己还是过于懒散，没有求胜信念，意志也不够坚定，没有百分百按照自己安排好的时间表进行学习。说实话，这段话让王先生既高兴又不免担心儿子的精神状态。有毅力和自我提高的信念自然是好事，但过于追求完美对于这个年龄段的孩子来讲，还是不免让人忧心忡忡。而且毛毛给同学打电话时，不经意间会说他讨厌在任何事情上犯错，不仅是学习和考试。这种话即便是成年人说出来也有些过于沉重了。年前的期末考试中，毛毛数学考了99分，按说已经非常优秀了，但他居然为了一个因马虎而导致的错误大哭一场，整个过年期间情绪都非常低落，这不合常理呀！毛毛自律得让人害怕。可以肯定地说，毛毛具有过分追求完美的心理。

毛毛这类孩子能够高度自律的背后，常常有些深层的心理问题。比如，家长望子成龙，孩子的自我要求自然而然也会水涨船高。还有就是有的孩子平时很少得到表扬，受到的批评更多，为了让自己优秀起来，他们自然会自我苛求，想通过优秀的成绩来获得认可。而当自己无法做到时，他们就更加严格地要求自己，从而进入一个自我苛求的死循环。

那么，该如何让孩子正确对待这一问题呢？如何让孩子跳出这个循环？

第一，不要特意要求孩子追求尽善尽美。要鼓励孩子看到自己的进步，容许他犯错甚至退步。对孩子要循循善诱，让他明白名次的变化在生活中是一种非常常见的情形。正所谓，金无足赤，人无完人。要让孩子有顺其自然的心态。如果一件事没有做好，不要将精力过度投入到这上面，尽力而为就是对自己最大的负责。

第二，孩子生下来时就是一张白纸，父母要帮助孩子建立正确的自我评价体系，放弃追求完美的标准。教育孩子以一种更加宽容、能够自我激励的标准要求自己，以平常心对待名次的变化。

第三，争第一要尽力而为、顺其自然，不可耍横斗狠。在有些孩子的认知中，第一名就是赢过所有人，就是最优秀的，能够得到家长、老师、同伴的称赞，所以他们往往什么都要去争一番，从而导致"好斗"的性格，比如说话高声压过别人，不顾自己家庭的经济情况要买最好、最贵的玩具，等等。此时，父母就要让孩子明白："人外有人，天外有天。"而且，人与人之间并非你争我夺的对立关系，和谐相处更重要。

第四，坦然接受自己不是第一这个事实。再优秀的人也不可能永远第一，古人说的"盛极而衰"就是这个道理，而且也不可能方方面面都是第一名，古人说的"尺有所短，寸有所长"就是这个道理。所以要能接受自己不是第一名的事实，内心坚强不是处处坚硬，而是要柔性处理问题、看待问题，要正确对待自己的优点和缺点。父母要告诉孩子："我们不是非要做第一才好，第二、第三也非常优秀，最重要的是不断进步。"

第五，学会纵向对比，做自己的最强者。虽然他们的上进心有目共睹，但要让他们明白，只要每天进步一点点，最终也会成为优秀的人。

总之，要让他们及早放下对第一的过度渴望，脱离对第一的过度追求，享受生活，接受更多选项，成为活泼开朗、身心健康的个体。

　　这样的孩子有着极强的领导力，有能力带领团队实现目标，并且他们对成为"领导者"和"王者"非常渴望。

　　这类孩子热衷于竞争，因为竞争会刺激他们的兴奋点，让他们不断进步。

　　这类孩子脾气大，还非常叛逆，容不得别人对他们说重话，更别说动手了。对待这样的孩子，不能用强硬手段让他们服软、认错。

好父母日常家教演练

1. 如果你的孩子自尊心很强，凡事都力争第一，你会如何帮助孩子掌控好竞争中的心态？

_____

_____

2. 如果孩子喜欢挑战父母的权威，不听父母的话，你会如何处理？

_____

_____

_____

3. 孩子经常拒不认错怎么办？

_____

_____

_____

4. 你认可目前流行的"虎爸虎妈"式教育吗？你的教育风格是怎样的？

_____

_____

_____

5. 在日常生活中，你会采用哪些方式来让孩子意识到自己的错误？

_____

_____

第二章

成就男孩的勇气：
让孩子拥有抗挫力

苦难是磨炼人格的"最高学府"

"天将降大任于是人也，必先苦其心志，劳其筋骨，饿其体肤，空乏其身，行拂乱其所为，所以动心忍性，曾益其所不能。"孟子《生于忧患，死于安乐》中传达了"挫折和苦难是磨炼一个人的意志，使人走向成熟和成功"的主旨。大文豪巴尔扎克也曾说："世界上的事情永远不是绝对的，结果完全因人而异。苦难对于天才是一块垫脚石，对于能干的人是一笔财富，对于弱者是一个万丈深渊。"也表达了苦难之于一个人形成成熟、坚强品格的重要性。

虽然苦难会给我们带来打击和坎坷，使我们前行的脚步暂停，但它也有一个好处不容忽视，那就是，它能使我们受到磨炼和考验，变得坚强起来。所以，很多人总结说，苦难是磨炼人格的最高学府。在漫长的人生路上，有顺境，也有逆境，顺境不张扬，逆境不舍弃，才能做成大事，成就理想人生。最重要的是，处于困境时我们不退缩，更不埋怨困境带来的无休止的磨难，而是用心灵打磨挫折，用热情去迎接困境，用坚韧不拔的意志去战胜苦难。如此，在与苦难对抗的过程中，我们会变得更加成熟、更加坚强，拥有更加优秀的品格。

每一个人从出生以后就开始面对各种考验，并开始收获各种考验所带来的宝贵的人生经验。如果拒绝接受来自现实的新一轮考验，时时幻想温煦的场景，那么他从一开始就输给了生活。我们如果想有一番成就，就要付出比常人更多的辛苦。只有经过风霜苦寒，才能知道温暖的可贵；只有深切认识到人生苦短，才会懂得精进勤学。所以说，苦难对生命来说，是磨炼我们人格的最高学校，只有顽强拼搏，才有苦尽甘来的那一天。

正所谓"自古英雄多磨难"。世界上很多伟人都是从苦难中走过来的。伟人之所以伟大，是因为他们拥有强者的心态，战胜了苦难。

在小提琴的历史上，最具传奇色彩的人物，莫过于帕格尼尼。帕格尼尼是世界知名的小提琴演奏家、作曲家。他的演奏技术影响了后来的小提琴作品，也影响了钢琴作品。但帕格尼尼的人生并不是一帆风顺的。他一生遭遇了很多苦难。在他4岁的时候，他患上了麻疹和可怕的昏厥症，险些丧命；少年时，他患上了严重的肺炎；在46岁的时候，他患上了严重的口腔疾病，口舌糜烂，满口疮痍，拔掉了所有牙齿，紧接着又染上了可怕的眼疾，路都无法看清；在50岁的时候，关节炎、肠道炎、喉结核等多种疾病吞噬着他的身体。后来声带也坏了，靠儿子按口型翻译他的思想。他仅仅活了57岁，就口吐鲜血而亡，走完了疾病缠身的一生。

回顾帕格尼尼的一生，几乎都是在苦难中度过的，但是他12

岁就举办首场音乐会，并一举成功，轰动舆论界。之后他的琴声遍及法、意、奥、德、英等国。他的演奏使他的老师帕尔玛首席提琴家罗拉惊讶得从病榻上跳下来，木然而立，自认无颜收他为徒。他用独特的指法、弓法和充满魔力的旋律征服了整个世界，几乎欧洲所有文学艺术大师，如大仲马、巴尔扎克、司汤达等都听过他演奏并为之激动不已。音乐评论家勃拉姆斯称他为"操琴弓的魔术师"，歌德评价他"在琴弦上展现了火一样的灵魂"，李斯特大喊："天啊，在这四根琴弦中包含着多少苦难、痛苦和受到残害的生灵啊！"世人再美好的赞誉之词，都诠释不了帕格尼尼苦难又辉煌的一生。

　　不可否认的一点是，苦难使帕格尼尼收获良多。回望历史，试想一下，有多少人能如帕格尼尼一般，经历诸多苦难，而又有多少人能够取得如此辉煌的成就？对于帕格尼尼来说，也许正是因为这些苦难，才让他的人生更加精彩，充满了挑战的乐趣。也正是这些磨砺，才让他的意志开始变得坚强、内心开始变得勇敢，从而战胜了厄运，走向了成功。我国儿童作家冰心曾说："成功的花儿，人们只惊羡它现时的明艳。然而当初它的芽儿，浸透了奋斗的泪水，洒遍了牺牲的血雨。"苦难的洗礼会让我们的人生更加厚重。通过一次又一次与苦难的握手，历经反反复复的较量，人生的底蕴就在不知不觉中得到升华。每一个成功者的路上，无不充满苦难。

　　平淡的生活不会自动赋予我们坚强的品格，只有经历苦难的洗礼，你才会发现，苦难是磨砺人格的最佳途径。可是有一点不容忽视，那就是，苦难既可能是人生奋进的号角，也可能是人生前进的绊脚石。孩子们在成长过程中，遭遇了苦难的折磨时，不要被其打倒，要坚强地面对、积极地应对，就可以超越挫折，迎来成功的喜悦。

从小培养孩子抗挫折能力，是为孩子的人生积蓄宝贵财富。

挫折是"存折",不是"骨折"

　　没有人一生都是完美的,人的一生总是会遇到各种各样的挫折。其实,遇到挫折并不可怕,可怕的是我们不能以正确的心态来看待它。清代金兰生在《格言联璧》中写道:"经一番挫折,长一番识见;容一番横逆,增一番器度。"对于坚强的人来说,挫折是一把打向坯料的锤子,打掉的应该是脆弱的铁屑,锻成的则是锋利的钢刀。由此可见,那些挫折不但不是消极的,还是一种促进你成长的积极因素。唯有经历各种各样挫折的考验,才能拓展生命的厚度。因此,有人说:"挫折是'存折',不是'骨折'。"

　　知名作家余秋雨先生曾在他的《千年一叹》一书中描写约旦的章节里讲过一个故事:余秋雨先生在约旦曾经拜访过一位智慧的老人,她叫杜美如,是大名鼎鼎的杜月笙的长女。杜美如是杜月笙第四房太太的长女,早年接受了母亲严格的教育。在她的心目中,除了她姓杜以外,从来没有想过要沾杜月笙的名气。尽管时光流转,她经历了50多年颠沛流离的生活,但她始终能克服重重磨难。她长年随夫婿蒯松茂旅居于约旦安曼，并在那里开了全约旦第一家中式餐馆"中华餐厅"，一开就是37年。

在谈及自己的生活经历时，杜美如对余秋雨先生讲过这样一个故事。杜美如说，在年轻的时候，她曾经遭遇过一次严重的车祸，这次车祸导致她骨头断裂，多处流血，脸上还留了一个很明显的伤痕。她的丈夫蒯松茂怕她因伤痕而痛苦，非常担心她会因此而陷入焦虑。然而，杜美如并没有像她丈夫想象的那样脆弱，她自我调侃："脸上受伤的地方成了一个大酒窝！"听了这个故事后，余秋雨先生在文中这样写道："我看着这对突然严肃起来的老夫妻，心想，他们其实有很多烦恼事，只不过长期奉行了一条原则：把一切伤痕都当成酒窝。"

在描述挫折的文字中，恐怕这是最完美的一个解读和阐释吧！杜美如对待"挫折"的态度，是一种"行到山穷处，坐看云起时"式的洒脱，而不是"不经一番寒彻骨"式的拘谨。这种豁达的处世心态，是把生活中的一切挫折看成了"诗意的存折"，而非"失意的骨折"！这是一种多么令人钦佩的人生态度！

只有走在泥泞的道路上，方能留下深深的脚印。通过一次又一次与各种挫折握手，历经反反复复的较量，人生的阅历会在这个过程中日积月累、不断丰富。坦途固然很好，可是这样一路走来会平淡无奇，只有通过坎坷之路取得的成功，才能让人回味无穷。面对充满挫折的人生，我们不要怨天尤人，只有踏踏实实地在坎坷的道路上前行，留下一个个坚实的脚印，才能证明我们生命的价值。

古今中外有许多人都在充满挫折的泥泞路上，留下了自己的脚印。这些立大志、成大事者，都备受挫折、备尝艰辛而最终建得丰功伟业。而他们通往成功的路上，无一不布满了挫折之坑。

一手将蒙妮坦集团从 300 美元投资的小公司发展到今天的美容业巨头，香港蒙妮坦集团董事长郑明明变了许多。不变的是，她还是那么精致、靓丽，正如她旗下的化妆品一样。可是，没有人知道，她成功背后所经历的困难和辛酸……

在谈及自己的成功史时，郑明明说这要得益于父亲的"不倒翁理论"："我父亲很爱玩不倒翁，他说，奋斗的过程，会不断碰到一大堆困难，只要像不倒翁一样不断站起，理想就会实现。"正是这种理论，支撑着郑明明一直走到今天，即便遇到再大的困难，她也从不退缩。

1973 年对郑明明来说是黑暗的一年。在这一年中，郑明明经历了事业上的重大挫折。当时，郑明明排除万难将她的"贵夫人"化妆品在印度尼西亚打开了市场，使自己的事业迈上了新台阶。但是，就在雅加达分支机构即将开业时，一场大火烧毁了她的全部产品。刹那间，她变得两手空空。多年的积蓄没有了，还欠了银行一大笔贷款，这对创业初期的郑明明打击太大了，几乎让她无力支撑下去。她在床上躺了两天，不吃也不喝，只想抱怨。就在她极度悲观的时候，她想起了父亲的"不倒翁理论"。瞬间，郑明明明白了父亲的一番苦心，她从床上爬起来化了妆，重新走到人群中。后来郑明明说，父亲这种不怕挫折、乐观向上的品格是她一生享用不尽的精神财富，也成为她对女儿教育的榜样。事后整整一年，郑明明在香港的店里，又开始没日没夜地忙碌和操劳。白天她在美容店里忙，晚上教学生美容美发课；她谢绝一切应酬，每天只留半小时给自己处理私事，其余时间除了睡觉，都用在了事业上。整整一年的辛苦后，她终于还清了所有的贷款，手上还积攒了一点积蓄，这时，她才稍微松了一口气。

今日的郑明明，业务已经做得非常大，她的业务已拓展到东南亚、美国、英国、法国、德国、意大利等地区和国家，并在中国内地创办了20多所蒙妮坦美发美容职业技术学校，培养了很多美容界新人。郑明明亲自指导培训了首批荣获国际博士文凭的中国专业美容师，填补了中国美容史上的空白。

《易经》曰："天行健，君子以自强不息。"郑明明用她的实际行动向我们证明了这句话。在这个世界上，我们会遇到各种各样的挫折，比如赏罚不公、就业压力大、恶性竞争、病魔侵袭……但是，如果我们选择了坚强，并试着运用自己手中坚强的画笔，为自己在逆境中描绘一片属于自己的蓝天，那么，你会发现，那些挫折只不过是你成功路上的点缀。

培养孩子的抗挫力，会令孩子终生受用不尽。

教会孩子在挫折面前调整情绪

　　木子是一个学习成绩优秀的孩子，处处得到老师的赏识，他也很努力，希望自己做什么都是最好的。木子课余的时间学习了钢琴，平时弹得很好，大家都说考级一定没问题。在初二下半年，木子参加了钢琴八级的考试。那一天，木子很紧张，人还没进考场，手就开始发凉，到了考官面前，手不听使唤了，结果没有弹好。但是木子没有完全丧失希望，他觉得自己也许能通过，但事实是残酷的，木子真的失败了。很少哭的木子大哭起来，一边埋怨自己，一边说自己讨厌弹琴。在一边的父母一直想帮帮孩子，但是越帮木子哭得越厉害。

　　在这篇案例中可喜的是，木子有着很强的自信心，这很难得。但是除了自信心，相信自己可以做好还不够，还必须要有承担失败的勇气。木子在平时可以弹得很好，说明失败的原因是心理压力大、临场紧张了。加之，临考前他人对木子的预测，使木子觉得如果没有通过定会受到嘲笑，这就加强了木子的不合理信念：

我必须通过。从心理学上讲，过高和过低的动机均不能使人把真实水平表现出来，所以考级结果不尽如人意。也许木子一直保持优秀，于是这场失败给木子的打击是前所未有的，而如果这件事情发生在学业成绩平平或者经常受老师批评的孩子身上，他们的表现就会正常得多。由此我们看到，好学生也有他们的烦恼和脆弱。

孩子像婴儿一样撒娇，是情绪发泄的一种形式——退化，也就是表现出一种较其年龄显得幼稚的行为。这点父母不必担忧，不要去管他，让他自己把不快乐发泄出来，心情会好些。而如果父母对此表现得十分关注，孩子则会变本加厉地攫取您的"仁慈"，表现得更加夸张，这反而助长了孩子的行为。另外，父母如果表现得和孩子一样地伤心，这会使孩子更加觉得失败是严重的，从而挫败了孩子的自信心，所以父母如果首先表现得不以为然，那么孩子也会渐渐觉得这其实没什么，完全可以从头再来。

父母让孩子发泄吧，但是不要企图抚慰他或者怜悯他。

当孩子情绪好一些的时候，父母应该把孩子拉到身边，再和孩子谈谈这件事，让孩子知道家长并不是不在乎他。父母需要和孩子一起，想一想当时的情形，帮助孩子分析没有弹好的原因。还要告诉孩子，我们不可能永远成功，也没有理由要求自己必须赢，因为别人也有赢的权利，失败一点都不可耻，你还是一个成绩优秀的好学生，这没有变。

让孩子勇敢面对而不是逃避

情景一：小东是一个聪明的 5 岁小男孩。在一个星期天的上午，他的妈妈在剪纸，不大一会儿就剪成了一只美丽的蝴蝶花。在旁边玩耍的小东看到了，非闹着妈妈教他剪纸不可。妈妈没办法，就教他如何去剪。小东非常聪明，过了一会儿，蝴蝶花的轮廓就展现在眼前了，一张美丽的剪纸眼看就要成功了。可是就在这个时候，小东不小心把纸剪断了，他立刻叫喊道："我再也不要剪纸了，我要把它全撕掉！"看到儿子哭得这么伤心，母亲就哄儿子说："来，不哭了，妈妈再教你剪一个啊，这个没剪好，不怪东东，都怪这个剪子不好使，我们再去找把好的剪子，这次一定可以剪出一个漂亮的蝴蝶花。"

情景二：苏珊珊是柏林一所幼儿园的教师，她有一个正在读小学的儿子，她非常疼爱儿子，但从不溺爱。有一次，儿子要跟同学一起去郊游，临行前，苏珊珊虽然发现儿子忘了把食物和手电筒装入背包，但她没有提醒儿子。结果旅行回来，儿子饿得脸色发黄。这时，苏珊珊才说是怎么回事，并帮他分析了原因。最后，儿子表示：以后出门前一定要先列一个物品清单，那样就不会忘记带东西了。

第一个故事中，本来孩子是想获得我们的认可，可是眼前的糟糕局面与他的憧憬形成了巨大的反差，也因此很容易引起他情绪上的剧烈波动，他认为眼前的局面已经无法挽回了。面对这种情况，父母应该教孩子鼓起勇气去面对这种挫折，而不是让他们逃避责任。因为在以后的人生旅程中，他面对的挫折和困难要比这大得多。在孩子小的时候不让孩子受点挫折，那么当孩子长大的时候，你能保证他一辈子一帆风顺吗？

一些爱子心切的家长生怕孩子受到一丁点儿的委屈，有意或无意地替孩子去承担某些本应由孩子自己面对的困难和挫折，而这样做的结果，不仅使孩子失去了在挫折中成长的机会，更失去了人生中一种最珍贵的体验，而且对孩子的个性、心理都有着不利的影响。

在西方国家，比如德国，那里的家长普遍认为，孩子总有一天是要去更广阔的天地闯荡的，我们无法永远保护孩子，但是我们可以教给他认识生活和社会的能力，教他怎样保护自己。因此，德国的大多数父母总是有意识地培养孩子战胜挫折和困难的能力。

从孩子蹒跚学步开始，德国的家长就开始培养孩子坚强的性格。在孩子跌倒后，家长不是赶紧去扶，而是不断地鼓励孩子自己爬起来。此外，德国家长还鼓励孩子去参加政府在暑假期间组织的磨砺营活动。他们有时甚至在顺境的情况下，故意给孩子设置一些障碍。

事实上，适当为孩子创造一些逆境，对孩子以后的成长和发展是有益的。一个没有经受过挫折、磨炼的孩子在困难面前往往容易退缩。在国内，有一些家长想方设法为孩子铺路，其实这种做法是十分不可取的，父母的作用是指引，路还是要靠孩子自己去走。

儿童教育专家认为，给孩子多提供尝试的机会，也是挫折教育的一个重要部分。但中国的部分父母却在孩子很小的时候就剥夺了这种权利，父母不给他们尝试的机会，也就等于剥夺了他们犯错误和改正错误的机会。

在日常生活中，孩子总会提出各种各样的要求，合理的或不合理的，一旦得不到满足，就会大哭大闹起来。每当遇到这种情况的时候，德国家长都会耐心地教导孩子如何控制自己的情绪，引导他们想办法以合理的方式去达到目标。例如，孩子执意要买昂贵的玩具，若家长拒绝，孩子一般都会哭闹。这时，德国的家长就会一边安抚孩子，让他平静下来，一边告诉他应该怎么做才会给他买，并不断地强化这种反应模式，使孩子在愿望暂时得不到满足时能够控制情绪，主动考虑通过其他方法来实现愿望，而不是一味地哭闹，发泄情绪。

不要害怕孩子会摔倒。孩子的成长过程中，总是吃甜头显然是不行的，还得要学会吃一些苦头。这样，在成长的过程中，"营养"才能平衡，他才会明白生活并不仅仅如巧克力一般甜，才会在困难和挫折面前懂得咬牙坚持而不是皱紧眉头，才会懂得自己去克服困难和挫折，而不仅仅是躲在家长背后。

培养孩子的耐挫能力

小学四年级的顾凯虽然生性活泼热情，对什么事情都想试试，可他从小就有个毛病，一遇到困难就灰心丧气，失去继续探索的信心。

他四岁时，做了一架飞机模型，可老是飞不上天，他气得把飞机模型扔在地上，用脚踩坏，从此再也不做飞机模型了。

一年级时爸爸教他学游泳，可他到现在还没学会，原来，有一次他呛了几口水，难过了好几天，从此他再也不学游泳了。

在学习上他也是这样，一遇到难题就退缩了，不会做的题目从来不动脑筋思考，而是等着第二天去抄别人的。

在生活中，困难和挫折是不可避免的，像案例中的顾凯一样，一些孩子灰心丧气、沮丧气馁是由于他们做不成喜欢做的事，在挫折面前产生了畏惧心理，丧失了克服困难的信心。心理学家认为，丧失信心的理由有千万条，但根本的原因只有一条，那就是学不会、做不好或者说是觉得自己做不好。一旦做不好，信心就会丧失，倦怠、懒惰的情绪也随之产生，造成学不会—没信心—没兴趣—更学不会的恶性循环。

生活中类似于顾凯这样的孩子有很多。有关部门对中小学生和大学生的一次抽样调查发现，中小学生和大学生中分别有40%～50%和20%～30%的孩子存在不同程度的心理障碍。

在对全国10个省市2万多名学生进行的一项调查结果显示，有17.5%的孩子认为自己"经不起挫折"。

另据中国青少年研究中心、中国青少年发展基金会"中国独生子女人格发展课题组"的研究发现，10%以上的独生子女在自我接纳方面存在一定的障碍，对自己最不满意的方面依次为：学习（38.7%）、健康（15.9%）、性格（15.8%）及自己的相貌形体（15.3%）；11.5%的独生子女不愿意别人比自己强，尤其不愿意熟悉的同学、朋友比自己强；9.2%的独生子女认为别人很不重视自己。

古人云："人生不如意事十之八九。"就现在的孩子来说，他们可能遇到的挫折存在于学习、兴趣爱好的选择、自尊和人际关系等方面。如：在学习上，成绩不理想，没考上理想的学校；在兴趣和爱好的选择上，自己的兴趣和爱好与父母的意见冲突，自己的才华得不到施展；在自尊上，自己常常得不到老师和同学的信任，经常受到轻视，没有被评上"三好生"，没有被选上班干部；在人际关系方面，结交不到与自己讲知心话的朋友等。孩子遇到挫折并非坏事，但陷于挫折而不能自拔，势必对孩子的身心健康造成消极影响，如使孩子丧失自信心、焦虑、自卑等。

那么，家长如何培养孩子的耐挫能力呢？

1. 教育孩子正确认识和对待挫折

从心理学角度分析，孩子们在成长过程中适当经受一些挫折是有益的。挫折能激励当事者增强韧性和解决问题的能力，产生创造性的变迁。一旦孩子在生活和学习中遇到这样或那样的挫折，父母应接纳孩子的倾诉和宣泄，让他们说出心中的委屈和痛苦，通过释放达到心理平衡。

2. 知己知彼，正确抉择

父母应当帮助孩子正确地规划其人生道路。所谓"知己"，即帮助孩子正确认识他自己。他希望将来成为什么样的人，未来的人生道路可能会在哪些方面受挫等。所谓"知彼"，即帮助孩子认识社会。如现实生活中尚存在哪些不尽如人意或不完善的方面等，让孩子懂得做事要向最高目标努力，但须做好承受最坏结果的思想准备。

3. 对孩子期待要合理

家长不能重知轻德，不一定非要强迫孩子达到他力所不能及的目的，对孩子的期望要合理，这才是引导孩子走上身心健康的正确之路。

4. 培养孩子优良的意志品质

优良的意志品质是实现目标、事业成功的根本保证，因此，培养孩子良好的意志品质就显得非常重要。这需要从生活的一点一滴做起，如：孩子摔倒了不要立即去扶他，而要让他自己爬起来。

教会孩子与挫折握手言欢

人生在世，不可能一辈子都一帆风顺、事事如意。一个人的追求能否成功，要看他的人生态度。如果孩子在面对挫折的时候一蹶不振、郁郁寡欢，那么便注定与成功无缘。同样的道理，如果孩子在面对挫折的时候能够做到坚强乐观，将挫折当成是一个朋友，始终保持一种恬淡平和的心境，那他的人生绝对不会被失败的阴影所笼罩。

一个人要想保持良好的心境，就必须有较强的心理承受力，正确看待挫折。正如一首歌中所说的那样：挫折虽然是敌人，但同样也是一个朋友，既然我们不能避开他，那么就坦然接受他。

所以，当孩子在成长过程中遇到困难和挫折的时候，他们更需要形成一种正确的态度来对待这样的麻烦。只有让孩子在尝试中不断地向挫折挑战并形成经验，才会让他们有足够的能力来面对以后可能出现的问题。此外，当孩子通过自己的努力解决问题后，还会产生一种荣誉感和满足感，形成他们坚持和执着的意志品质。

有一个这样的故事：

这是一个非常重要的颁奖典礼，两个男孩都严肃地等待着评委的结果。现场鸦雀无声，气氛庄严而凝重。无论结果怎样，对他们其中任何一个都是残酷的。

当评委念出一个男孩的名字后，全场响起了雷鸣般的掌声。获奖的那个男孩兴奋得欢呼雀跃，享受着成功的喜悦。而另外一个男孩却做出了让全场人都惊讶的举动，他真诚地拥抱了那个获奖的男孩，向他表示祝贺，然后从容地站在一边。

后来，主持人走到他的身边安慰他说："不要伤心，你其实也很出色，现场一样有很多人都为欣赏你而来，相信自己，下一次还有机会。"

男孩笑了笑，说道："其实我没有丝毫的遗憾，我能够站在这里已经是上天对我的眷顾，而且我在比赛中已经证明了自己的能力。这一路的坎坷让我成长了很多，这才是我最大的收获，我相信，以后我一定会更优秀！"

正如这个坚强的男孩所言，这一路的坎坷才是他最大的收获；正如我们常说的那句话一样：结果并不是最重要的，重要的是我们是怎样走过的；正如这位男孩，淡然地面对这擦肩而过的胜利，才能获得一片更为广袤的天空。

坦然地面对失败，不是逃避，更不是一种懦弱。恰恰相反，坦然是勇气与自信的体现。只有当你相信成功离自己并不遥远的时候，才有勇气坦然地面对现实中的一切，才能用积极昂扬的心态从头开始，为梦想冲刺。其实，人生没有可比性，每个人都是独一无二的存在，只要你在自己的生活轨迹中没有放弃前进，你就没有遗憾。

一位日本学者曾经说过：事无大小，不论自己喜欢与否，都必须努力去做。面对孩子，我们更要对其进行努力教育和挫折教育，这样他们才会在失败中尝到"甜头"，学会生存的本领，最终能够自食其力。

阳光总在风雨后，只有经历过风雨的摧残，才能体会到阳光的美丽。

说到贝多芬，很多人都会想到他的一些传世经典作品，却很少有人注意到他一生坎坷的命运。贝多芬自幼跟父亲学习音乐，8岁的时候便开始上台表演。此时的他已经有了很高的音乐造诣。22岁的他到了维也纳深造，这时，他的名气已经如日中天。然而，正当他的名气越来越大的时候，悲剧却降临到他的头上，他遭受了音乐家最致命的打击——耳聋。对于一个从事音乐创作的人来说，听不到声音就等于扼杀了音乐生命！贝多芬绝望到了极点，他不敢面对这一残酷的事实，好几次都想到过自杀，甚至还写好了遗嘱。但是，贝多芬最终凭着坚强的信念战胜了命运。他说："我决不能离开这个世界。我要扼住命运的咽喉，它休想使我屈服！"这也是他一生的誓言。贝多芬振奋精神，拿起笔来，写下了《第三（英雄）交响曲》、第四至第八交响曲、第四和第五钢琴协奏曲、小提琴协奏曲、《爱格蒙特》序曲、钢琴奏鸣曲《黎明》《热情》等一系列充满乐观精神的不朽作品。在他生命的最后十年中，面对健康和穷困的双重夹击，贝多芬忍受着肉体和精神的重重折磨，以顽强的毅力写下了《第九交响曲》，展现了人类的美好愿望。

试想一下，如果贝多芬在面对挫折时没有选择这样一种积极的心态，音乐史上又如何能诞生这样一位天才？其实，每个人在面对困难和挫折时都会自发地对这种情况进行分析，从而决定到底要选择怎样的方式来处理眼前的困境。我们把这种思维称为"逆商"，顾名思义就是指人在面对逆境时所产生的反应能力。逆商高的人在面对困境时能够自我激励、知难而进，并始终坚持不弃。而逆商低的人则容易为小小的不顺就垂头丧气，甘心放弃，最终一事无成。抛却其他因素不论，逆商对一个人能否拥有完善的人格和成功的事业起着决定性的作用。换言之，我们可以将逆境看作一个人走向成功的一所"历练"学校。

从出生开始，孩子就会在无形中接触一些逆境，例如走路摔倒了、衣服穿反了、纽扣错位了等。这些本是孩子能够自行解决的困难，如今却全都被父母代劳了。从内心来说，父母为孩子做这些事情是一种本能的行为，并非溺爱孩子的表现。换作是谁，看到孩子发生这样的事情都不可能说"我不管你，你自己解决"。也正是因为这样，孩子错失了很多自己解决"困难"的机会。以小见大，只有从这些小"困难"中磨砺过来的孩子，才能慢慢学会逆事顺办，学会控制自己的情绪，进而坦然地面对成长中所遇到的困难，甚至将其视为自己晋升的途径。而这些经验，也会对他们以后的生活大有益处，使他们能以积极心态来面对生活中的不如意，并逐渐形成坚持、执着的性格，为人生中的种种困境罩上希望的光环。

总而言之，挫折是人生的一部分，是培养孩子耐力和韧性的首要条件，接受它，就是接受成长。

如今，很多父母都已经认识到了对孩子进行挫折教育的必要性，但他们往往只是让孩子吃点苦，接受一下失败，却没有对孩子进行正确的引导，告诉孩子遭遇挫折之后要怎样做，没能让孩子树立起战胜挫折的勇气，没有引导孩子找到战胜挫折的方法。事实上，只有让孩子从受挫中找到原因，才能从中吸取教训，让孩子真正掌握解决挫折的办法，并让他们体验到解决困难后的喜悦，从而增强孩子克服困难的信心。

如何培养孩子对待挫折的能力？

1. 父母要让孩子认识到他有足够的能力战胜挫折

当孩子认为自己已经到了"山重水复疑无路"的时候，他最需要的就是父母的鼓励和支持，从而变得坚强起来。这时候，父母应该帮助孩子认识到他的潜力，让他坚信挫折只是暂时的，让他知道只要努力就一定能够突破阻碍，过渡到一个"柳暗花明又一村"的"完美世界"。

今天老师让小朋友们画圆圈"○"，看到很多小朋友都能画得很好看，听到老师夸别的小朋友聪明，强强委屈得都快要哭了。回家后，强强把自己一个人关在屋里，躲在被窝里哭，好像世界末日就要来临一样。细心的妈妈走到他的床边，耐心地问他到底发生了什么事情，强强垂头丧气地晃晃脑袋，一本正经地说："妈妈,恐怕这辈子我都画不好圆圈了。"看着本子上歪歪扭扭的"〇",妈妈笑了。妈妈跑去厨房"精挑细选"了一个"畸形蛋",并对强强说："宝贝,你看,你画的圈比这个还要好看呢,我相信宝贝今天一定能把圆圈画好的。"果不其然,不到一个小时,强强就画出了又漂亮又规整的圆圈。

2.降低要求,让他们在"尝试"中提升自己

孩子之所以拒绝接触新事物或者他们认为不可能完成某些事情,主要是因为父母对他们的期望太高。但如果父母把对他们的目标换成"试一试"而不是"成功",孩子的内心就不会出现这种强烈的排斥感。

"尝试"是孩子接触新事物的重要行为之一,同时,也是提升他们"逆商"的奠基石。一旦他们拒绝了尝试,也就等于放弃了犯错误和改正错误的机会,这将导致他们无法发现自己的不足,从而离成功之路越来越远。聪明的父母都知道:哪怕孩子努力的结果依旧是失败,他们也能从这个过程中得到启发和提高。

3.巧妙地"取长","借力"式地帮助孩子成长

每一个孩子都有着自己的一双翅膀,至于他们是起飞还是远航,抑或是加速度,那就因人而异了。也就是说,每一个孩子都在某一领域里有着自己的天赋。因此,父母可以利用孩子在这一方面的特长来帮助孩子更好地面对他们在其他方面的挫败。当孩子面临挫折并陷入一种不能自拔的状态时,作为父母,千万不要忘了提醒他,他在某一方面有着别人没有的优势,并激起他借助

其优势改变弱势的信心。

　　鼓励孩子正确地对待生活中遇到的失败和挫折，可以帮助他们驱走惰性，让他们懂得奋进。只有让孩子学会以正确的态度对待挫折和失败，才能促使他们真正地走向成熟，获得成就。其实，在追寻梦想的旅途中，孩子们都要经受风浪的考验。只有坦然地面对这些挫折坎坷，才能乘风破浪，直达彼岸，谱写一曲自强不息的生命赞歌。

◇ 成就男孩的勇气 ◇

> 学校足球比赛，我们班输了，我是门卫，被踢进去3个球。

> 没关系，不经历一番挫折，怎么会有进步呢?

孩子们在成长过程中，一旦遭遇了失败，父母要教育他不要被挫折打倒，要坚强地面对，就可以超越挫折，迎来成功的喜悦。

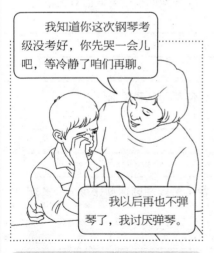

> 我知道你这次钢琴考级没考好，你先哭一会儿吧，等冷静了咱们再聊。

> 我以后再也不弹琴了，我讨厌弹琴。

> 摔倒了再爬起来，做一个真正的男子汉。

孩子哭是情绪发泄的一种形式，这时父母不必担忧，不要去管他，让他自己把不快乐发泄出来，心情会好些。

孩子的成长过程中，需要学会吃一些苦头，他才会在困难和挫折面前懂得咬牙坚持。

好父母日常家教演练

1. 在日常生活中，你会有意识地培养孩子承受挫折的能力吗？

_____

_____

2. 当孩子因为遭遇失败而情绪低落时，你会采取什么方法来进行安抚？

_____

_____

3. 在日常生活中，你会运用哪些方法来帮助孩子勇敢面对失败？

_____

_____

4. 当孩子遭遇失败和挫折后，你如何帮助孩子重拾信心？

_____

_____

5. 当孩子遇到困难时，你会帮助孩子解决问题还是让孩子试着独立克服困难？

_____

_____

_____

第三章

控制男孩的情绪：

能自控的男孩最强大

让孩子不再有烦恼

在一次家长会上，妈妈们聚在一起大倒教育孩子的苦水。乐乐妈妈说："我家乐乐总说自己交不到朋友，心里很烦。"强强妈妈说："我家强强的烦人事更多，三天两头愁眉苦脸的，有时候把自己关在房间里不理我们，有时甚至不想吃饭，问他到底出了什么事，他又不肯说，现在我们也被他弄得很烦恼。"

这些妈妈都搞不懂，为什么孩子小小年纪竟然会有那么多的烦恼事。跟大人一样，孩子在成长的过程中，总会遇到许多烦恼。由情绪产生的"烦恼"其实是"自寻烦恼"，是由"不顺心"导致的心理障碍。

下列这些情况容易引起孩子的烦恼：受到批评或误解；受到不公正的待遇；受到老师的不信任；受到他人的欺负；不小心闯了祸，想到自己将要受到惩罚；身体不舒服；丢了自己心爱的物品……

当孩子遇到烦恼时，家长如果不及时去了解孩子的烦恼，不去帮助孩子消除烦恼，会对孩子的心理产生不良影响，更有甚者会走入极端。

成长中的孩子，或多或少都会遇到烦恼。因为孩子的心灵是脆弱的，当他们的美好愿望与现实产生矛盾时，烦恼就会来临。当孩子有了烦恼时，家长应该怎么做呢？

1. 及时发现孩子烦恼的信号

当孩子烦恼时，往往表现为：睡眠不好；食欲下降，体重减轻；情绪低落，出现伤心、忧虑、委屈、气愤等负面情绪；哭泣；沉默寡言，封闭自己；反复生病，出现头痛、腹痛等身体不适症状；产生逆反心理，我行我素；胡乱发泄，破坏欲特强；出现攻击他人的行为。

在日常生活中，家长应该注意观察孩子，及时发现孩子烦恼的信号。否则，孩子将被各种各样的烦恼所困扰。

许多父母都是上班族，每天忙于工作，很少有时间来关心孩子的心灵，这不得不说是一个遗憾。长期下来，这对孩子的身心健康是不利的。不管父母有多忙，每天都需要抽出一定的时间来关注孩子，只要孩子出现异常，就应该主动与孩子沟通，倾听孩子的心声，了解孩子烦恼的原因，这样才能帮助他们消除烦恼。

2. 以同理心感受孩子的烦恼

父母不要想当然地认为孩子每天只有学习，其他什么事情都不用干，他们会有什么烦恼？其实，由于孩子的心理发育并不成熟，遇到的一点点事情都有可能引发孩子的烦恼。

因此，当孩子向父母表露烦恼时，父母一定要重视，然后用同理心去感受孩子的烦恼。比如，"我知道你觉得这件事情很难处理，心里很烦恼是不是？""你是不是觉得做不好这件事情，就会被老师责问，因此总是烦躁不安？"当父母主动表示了解孩子的烦恼时，孩子的烦恼就会一下子减少一半，同时他们会更有信心去面对烦恼、解决烦恼。

当然，父母在孩子解决烦恼的过程中，要一直关注孩子的一举一动，站在孩子的角度支持他，让孩子感觉到父母的信任和支持，从而更有信心和勇气去战胜烦恼。

3. 不要替孩子逃避问题

大多数父母在孩子遇到烦恼时，总是习惯性地替孩子想逃避的办法，比如，"要不，咱不做那事了，省得你这么烦恼！""我看你干脆不要做这事了，管它是谁做，反正你不做！"这些消极的逃避策略根本无法解决孩子的烦恼，因为孩子一旦再次遇到相同的问题，烦恼依然存在。同时还有可能养成孩子逃避责任的坏习惯。如果孩子有了"我不管""反正不是我的事"的人生态度，父母们可能就要后悔了。

不管遇到什么烦恼，父母一定要鼓励孩子正视烦恼、直面烦恼，然后努力战胜烦恼。

4. 多与孩子沟通

如果父母能够营造一个民主、健康的家庭环境，经常与孩子沟通，让孩子主动发表自己的意见，参与家庭的各种讨论，那么孩子在遇到烦恼时，就会主动告诉父母，让父母帮助解决和克服。因此，对于父母来说，多与孩子沟通，做孩子心灵上的朋友是很重要的。

父母应该每天抽出一定的时间与孩子进行情感交流，让孩子把父母当作朋友，向父母倾诉心中的烦恼。

与孩子进行情感沟通时，父母一定要专心，不要看电视或做其他的事情，应该在一个比较空闲的时间，与孩子进行诚恳的交谈，让孩子感觉到父母对他的尊重，从而能使其敞开心扉，向父母倾吐心中的不快。

5. 教孩子学会自我调节

有一句话叫"授人以鱼，不如授人以渔"，帮助孩子逃避烦恼，不如教孩子怎样排解烦恼，父母可以教给孩子一些情绪调节的方法，让孩子学会自我调节。

倾诉法，即让孩子向父母、同学、朋友、老师等人倾诉心中的压抑。从心理学角度来说，人在情绪不好的时候，若能向他人倾诉、发泄心中的郁闷，就能在一定程度上摆脱不良情绪。

环境调节法，即让孩子学会利用环境来调节自己的情绪。环境对人的情绪和情感有很大的影响和制约作用。一般来说，整洁的房间、柔和的光线能使人产生恬静、舒适的心情；而肮脏的环境、昏暗的灯光则会让人产生烦躁、不安的心情。因此，当孩子情绪不好时，可以让他转换环境，比如到郊外看看风景，以调节情绪。

自我暗示法，即让孩子在情绪不好时通过语言或意识来暗示自己调节情绪。自我暗示是一个人精神活动的动力源泉之一，自我暗示往往能让孩子从不良情绪中振作起来。例如，当孩子陷入忧愁时，可以让孩子自我暗示："不要忧愁，忧愁也没用，还是想办法来解决问题吧。"这样就会使孩子的心情平静下来。

转移法，即父母应该教孩子在情绪不好时转移自己的注意力。转移法需要孩子有一定的自我控制能力，比如，当孩子遇到不高兴的事情时，他能够意识到需要冷静，然后找一些自己感兴趣的事情做，从而使自己的注意力转移到具体的事情上来，集中精力处理好某件事情，这样就会淡忘不愉快的事情。

牢记一点，在孩子烦恼时千万不要呵斥和责骂孩子，否则孩子就更不可能向家长敞开心扉，家长也就永远无法知道孩子在烦恼什么！

不要让消极俘虏了孩子

　　乐乐已经10岁了，虽然学习成绩还不错，但是，他天天愁眉苦脸，还经常抱怨："我讨厌学习！""我太胖了，难看死了！"乐乐不喜欢与同学交往，也不喜欢参加各种活动，他经常说："这一点都不好玩，我才不想参加！""做这种事情有什么意义呢？"

　　有一次，学校组织春游，乐乐起床后发现天气阴沉沉的，就开始唠叨："这么差的天气，有什么好玩的？"妈妈说："天气预报是阴转多云，一会儿就会出太阳的。"但是，乐乐根本不听妈妈的话，完全沉浸在自己的情绪中。当然，那次春游也没有玩好。

　　前两年，乐乐的爸爸因病逝世了，从此，乐乐总是闷闷不乐。今年，妈妈因为患病而换了一份工资更低的工作，家里就更加困窘了，乐乐一下子就觉得掉进了冰窟，觉得老天对自己太不公平了，什么事都不顺心。

　　乐乐的妈妈说，孩子在家里也常不开心，口头语就是"生活像一锅没味的白菜汤"，看上去很深沉。与他聊天时，他总是说："你烦不烦呀？"那口气和神态就跟小大人似的。

由于生活的重担都压在了妈妈的身上，她整天忙于工作，也无暇顾及乐乐的情绪。但是，眼看着孩子越来越消极，心里也是很着急。

与成人一样，孩子的情绪也有积极和消极之分。孩子对那些能够满足自己需要的事物或对象，会产生一种积极的情绪体验，而对那些无法满足自己需要的事物则会产生消极的情绪体验。

一般来说，孩子处于消极的情绪状态的时候并不多，但是，这种消极的情绪状态却对孩子的身心健康具有很大的危害。比如，"我很没用，我是一个废物"很容易导致孩子对自己的能力失去信心，从而无法做好每一件事情。"我很丑"则容易让孩子无法正确对待自己，对人生失去信心。

乐观是孩子对未来充满信心和希望的个性特征；悲观则是孩子对未来缺乏信心与希望的个性特征。乐观的性格是孩子应对人生中悲伤、不幸、失败、痛苦等不良事件的有力武器。如果孩子无法乐观地面对人生，则会意志消沉，对前途丧失信心，而且会损害身体健康。

如果孩子一遇到困难和挫折就心灰意冷、消极面对，那么就会陷入恶性循环，使孩子一生都挣扎在消极情绪中。因此，家长应该发挥作用，把孩子的消极情绪转化为积极的情绪。那么，具体应该怎么做呢？

1. 引导孩子摆脱困境

每个孩子都会碰到不称心的事情，即使天性乐观的孩子也是如此。当孩子遇到困境时，父母要多留心孩子的情绪变化，如果孩子闷闷不乐，父母无论自己多忙，都要挤出一点时间和孩子交谈，教育孩子学会忍耐和随遇而安，鼓励孩子凡事多往好的方面想，不要尽往消极的方面想。

家长要积极寻找孩子消极的原因，有针对性地做孩子的思想工作。比如，如果孩子是因为失败而消极，父母可以寻找一些孩子的成功事件来鼓励他；如果孩子是因为长相而消极，父母可以寻找一些长相一般而成绩优秀的人来鼓励他，还可以告诉孩子，人的容貌虽然是吸引他人的魅力因素之一，但是，更重要的是学识、修养、人格等内在美。只要孩子愿意与父母沟通，把心中的烦恼说出来，烦恼很快就会消失。

父母也可以帮助孩子克服一些困难，教孩子以正确的态度和措施来保持乐观的情绪。这些都是促使孩子摆脱消极情绪的好方法。

2. 用积极的情绪感染孩子

情绪是可以传染的，如果家长们经常在家里抱怨，那么，家长的消极语言很容易影响到孩子。孩子在一个充满抱怨和不满的环境里，也会习惯于用消极的语言来宣泄自己的不满。这种方式形成习惯后，孩子再遇到问题时都会习惯于用消极的方式来应对。

在教育孩子的过程中，父母首先要做一个乐观的人。在工作、生活中遇到各种困境时，父母如何处理困境会直接影响孩子的做法。父母应该注意自己的情绪表达方式，避免流露抱怨、不满等消极情绪，而要用快乐的情绪去感染孩子。

如果父母能以身作则，在面对困境、挫折时能保持自信、乐观、奋发向上，孩子也会受父母的影响，在遇到困境时乐观地去面对。平时，父母应该多向孩子灌输一些乐观主义的思想，让孩子明白，令人快乐的事情总是永久的、普遍的，一旦有不愉快的事情发生，那也只是暂时的，不具普遍性，只要乐观地对待，生活还是美好的。

3. 允许孩子自由地表现悲伤

孩子在遇到困境时，往往会表现出悲伤的样子。父母应该允许孩子自由地表现悲伤。如果孩子在哭泣的时候，父母要求孩子停止哭泣，不让孩子表现出软弱，孩子就会把心中的悲伤积聚起来，久而久之，反而会造成孩子的消极心理。

心理学家普遍认为，情绪发泄对维护心态平衡具有积极的作用。当一个人在遭遇挫折或者感受到不愉快时，让他能够不受压抑地通过言语或非言语的方式表达自己的情绪，可以减轻他心理上的压力。因此，如果孩子表现出悲伤或软弱，父母可以不去劝阻，让孩子尽情地发泄心中的郁闷，只要孩子发泄够了，他自然会恢复心情的平衡。

如果孩子需要父母的帮助，父母应该及时安慰孩子，用同理心去感受孩子的情绪，努力引起孩子的情感共鸣，从而缓解孩子的不良情绪。

4. 对孩子进行乐观教育

乐观的孩子往往对未来充满了希望，悲观的孩子则往往觉得没有希望。因此，父母要对孩子进行乐观教育。

乐观教育是一项系统工程，需要父母能够及时地感受到孩子的沮丧和忧愁，帮助孩子驱散心中的阴影。父母要多引导孩子看到自己的进步和成绩，鼓励孩子想象自己的美好未来，让孩子对自己的未来充满希望。只要孩子对未来充满了希望，必定会以乐观的心态去面对生活中的事情。

5. 丰富孩子的精神生活

丰富孩子的精神生活可以使孩子把注意力转移到其他事情上来。一方面，父母要鼓励孩子广泛地阅读，让孩子在阅读中增加知识，升华思想，可以阅读伟人的故事或者童话、小说等文学作品。另一方面，父母要鼓励孩子多交朋友，为孩子创造与同龄人交往的机会，如带孩子到邻居家串门，邀请其他孩子到家里来玩，让孩子多到同学家去玩等。

另外，父母可多组织一些活动，如带孩子外出游玩，也可让孩子做一些创造性的活动，如利用废物制作小作品，通过丰富孩子的精神生活，让孩子在各种活动中体会到生活的乐趣，增强对生活的信心，培养孩子乐观的性格。

不要等孩子长大以后才去调节孩子的消极情绪，因为孩子长大以后，消极情绪会更加严重。父母应该从小就把孩子培养成积极的人！

有委屈一定要释放出来，别憋着

文文是个文静的男孩，虽然学习成绩一般，但他却很少让父母操心。然而最近一段时间，文文总是觉得委屈。有一天傍晚，文文放学后一直不高兴，还十分反常地对妈妈发脾气。后来，妈妈才弄明白，原来白天在学校做作业时，文文拿橡皮时碰到了正在写字的同桌，虽然他连忙说"对不起"，可是，那位同学还是说了他几句。

当时老师没有看见这一幕，文文觉得这种事情不应该向老师报告，可文文又觉得自己很委屈，于是只好在家里发泄了。

没过多久又发生了一件让文文受委屈的事情。一天傍晚，妈妈去学校接文文。当时已经比较晚了，教室里只有文文一个人在写作业。他两眼红红的，显然刚哭过。一见到妈妈，文文就说："妈妈，班主任老师叫你到她办公室去一趟。"

原来，文文在数学课上忘记带东西了，数学老师正好是班主任。老师认为他是故意不带的，文文就跟其他同学一起被罚站了一节课。

文文觉得很委屈，就向老师说自己不是故意的，还哭哭啼啼的。老师认为文文影响了课堂纪律，索性让他站到办公室。这样，文文就没有听到这堂课的内容。课后，老师虽然给文文简要地讲了课堂的内容，但是却狠狠地把文文又批评了一次。于是，文文只好一个人在教室里哭了。

其实，孩子在学校受委屈是比较普遍的现象，学校是一个小社会，那么多孩子在一起难免会发生一些摩擦。而且，由于每个孩子都来自不同的家庭，有不同的性格和想法，孩子们在处理同学之间的关系时，必然会出现不同的意见和行为，使某些同学占了便宜，而某些同学受了委屈。这都是非常正常的，关键是父母怎样帮助孩子，只有对孩子进行正确的心理疏导，才不至于影响孩子今后的学习生活。

现在的孩子大多是父母手心里的宝贝，这就使孩子的自我优越感越来越强，受不得半点委屈。但是，在孩子的成长过程中难免会遇到各种各样的挫折和困难，父母要提高孩子的心理成熟度，要让孩子学会调节自己的情绪，而不是一味让孩子觉得他很委屈。

受委屈是经常会发生的，许多孩子在遇到不顺心的事情时，常常大发脾气或者哭哭啼啼的，这时父母应该怎么办呢？

1. 对孩子进行心理疏导

孩子受了委屈以后必然很难过、很伤心，父母要对孩子进行心理疏导，帮助孩子分清是非对错。在孩子情绪平静下来后，父母要让孩子叙述事情的真相，当孩子提及自己的感受时，要引导孩子说出自己为什么会有这样的感受，父母则要仔细倾听，并及时肯定孩子的正确做法。

文章开头的案例中，在问清事情的真相后，父母首先肯定了文文的正确行为："你在不小心碰到同学后及时道了歉，并且没有因为他说你就给老师打报告。在处理这件事情上，你十分理智，有你这样的孩子，妈妈感到很自豪。"

父母的肯定往往可以让孩子去掉委屈情绪，然后父母可以给孩子分析这样做有哪些好处，让孩子从父母的讲解中认识到自己的能力，从而产生自豪感。这种自豪能让孩子从委屈的情绪中走出来，增强孩子的信心。当然，父母也可以心平气和地从其他人的角度假设几个问题问孩子，引导孩子从他人的角度看问题。

对于孩子受到其他同学的欺负，父母可以教育孩子理智地和老师讲，让老师来处理这种事情。被老师冤枉也是在所难免的事情，但是家长又能有什么办法呢？最多是到学校找老师理论，换来一句老师的道歉。但是这对孩子的成长也没有什么帮助。如果老师从此不再关注孩子，那么损失才是最大的。因此，明智的父母应该教孩子学会"心平气和"。

2. 让孩子正视人与人之间的摩擦

现在的孩子都缺乏受委屈的经历，因此很容易在受委屈时失去理智。父母应该给孩子讲解一些人际关系，让孩子明白在人与人的相处过程中，产生摩擦是必然的，受点委屈是正常的。比如，父母也可以给孩子讲一些自己小时候或者自己在工作中发生的类似事件，这样，孩子的注意力就会从自己的事情中挣脱出来，转而集中到其他事情上。这时候，父母可以引导孩子深入思考一些现实的问题，如："你觉得一个人事事顺心可能吗？要是每个人一受到委屈就大吵大闹，那么事情会有什么样的结果？"

当然，在与孩子交谈的过程中，父母要注意自己的态度，不要居高临下，要像朋友一样，并且信任孩子对这件事情会有一个正确的认识态度，能够自己处理好。

3. 关注事情的发展

虽然我们提倡在受了委屈时应该让孩子自己去处理，因为这样能提高孩子人际交往能力和处事能力，但是这并不是说父母就不用关注这件事情了，相反，父母应该认真关注这件事情的发展和结果。

如果孩子对这件事处理得很理智，父母应该及时给予肯定；如果孩子自己无法处理这件事情或者其他同学对孩子的行为还是比较野蛮，父母就应该让孩子与老师沟通，让老师出面来处理，并让孩子们懂得，野蛮的、攻击别人的行为是不可取的。

4. 培养孩子坚强的性格

虽然受委屈是比较普遍的事情，但是如果孩子的性格比较坚强，孩子就不会对别人的攻击一味地退缩，而是会勇敢地独自去面对。

现在有的孩子因在家被家长溺爱，导致其性格暴躁、自私自利，一不如意便对同伴拳脚相加。而因此受委屈的孩子一般受到父母过分的呵护，失去了自我保护的能力，在面对粗暴行为时往往不知所措，只会独自忍受，或者向父母、老师哭诉。

要想让孩子学会勇敢地面对此类事件，父母应当培养孩子坚强的性格，教孩子处理好与同学之间的纠纷。比如，父母可以在家模拟误会孩子的情况，孩子在被父母误会后必然会有不愉快的情绪，父母在事后可以及时教育孩子，让孩子在面对此类事件时，加强自我心理调节，化解不良情绪，保持良好的状态。

孩子受委屈时，及时安抚孩子很重要。但是安抚孩子并不是毫无条件地顺从孩子，一味地迁就孩子并不能真正解决孩子的问题！

孩子有不满情绪要彻底释放

　　牛牛的父母平时工作很忙，总是没有时间带牛牛出去玩。今年，父母好不容易决定利用"十一"假期来弥补一下，带牛牛出去玩。去哪里呢？一家人商量了好半天。牛牛想去泰山，妈妈说去黄山，爸爸说去九寨沟。后来，爸爸妈妈简单地商量一下，决定去黄山，既能旅游，又能见一见自己的老朋友。

　　爸爸把预订单取来后，牛牛以为去泰山，后来得知去黄山，也没有说什么就同意了。可即将出发时，爸爸因为公司有事不能去了。妈妈也不想去了，可转念一想，都答应孩子了，那就和牛牛一块去吧。

　　当牛牛知道爸爸有事不能去了，他觉得本来是一家出去玩，既然爸爸不去了，自己也不想去黄山，那就不去算了。妈妈生气地说："父母因为你才安排这次旅游，你真是不懂事。"

　　到了黄山，牛牛来了精神，他提出要与妈妈比赛爬山。妈妈怕爬山有危险，再说牛牛也不一定能爬完全程，因此决定坐缆车上去。最后还是妈妈说了算，牛牛觉得很没意思。

到了山下，牛牛想买点纪念品带给同学们，妈妈也不让牛牛自己挑，弄得牛牛非常泄气。后来，妈妈又领着牛牛拜访了许多朋友，牛牛觉得这完全与自己无关，所以玩得一点也不开心。回来后，妈妈问牛牛玩得开心吗？牛牛没好气地说："早知这样我才不跟你出去呢！以后要出去你自己玩好啦，我不会再跟你出去玩啦！"

妈妈发牢骚说："如果不是因为你，我就不安排这次出行了，到头来自己累不说，你小子还不领情！"牛牛顶撞妈妈说："你们一点不顾我的感受，完全由你们随意安排，还说为了我，真是胡说八道。"为此，妈妈和牛牛很长时间都说不到一块。

在日常生活中，出于种种原因，孩子经常会产生各种各样的不满情绪，这是非常正常的现象。

许多父母都会说："我家孩子真是没良心，我总是替他考虑，什么事都为他好，而他就是不满意，还总是埋怨个不停，想想真不愿意替他做那么多事。"实际上，这样的父母确实很多。父母们习惯于对孩子不满意，总是埋怨孩子这个做得不好，那个做得不行，却容不得孩子对自己有不满的情绪。

有些父母在孩子埋怨自己时，往往"龙颜大怒"，恐吓孩子："你竟敢这样对我说话，你给我滚，我没你这样的孩子！"结果，即使不会出现大吵大闹的情况，也总是会冲突不断。

不满往往导致逆反，不满往往导致冲突，不满也往往影响孩子的身心健康。那么，在日常生活中，父母应该怎样让孩子宣泄不满情绪，恢复心理平衡呢？

1. 多与孩子商量

孩子是独立的个体，他有自己的思考能力，所以，在关于孩子的事情上，父母应该和孩子商量讨论，倾听孩子的意见，而不要一味地替孩子做决定。否则往往会让孩子产生不满的情绪，导致孩子埋怨父母，父母又觉得孩子不能理解自己的苦心，结果就会造成亲子之间不必要的隔阂。

如果发现孩子对自己有不满情绪，做父母的不妨放下架子，主动向孩子自我检讨。比如，"我知道你对我的做法不满意，请你告诉我具体哪些做得不好？""你希望妈妈怎样做？""妈妈希望与你保持良好的关系，因此，我希望你把你的要求告诉我，而不是不停地埋怨。"

如果家长能够为孩子树立一个表达情绪的榜样，把自己的喜怒哀乐都表达出来又不迁怒于人，而不是在孩子面前过分维护所谓的家长尊严与权威，老是板着一副面孔，任何事情都不允许孩子发表意见，这样，孩子也会理性地对待事情，遇到不满与家长商量，而不是把不满情绪放在心里。

2. 正视孩子的不满情绪

每个人心中都会产生不满，这种不满情绪要有发泄的渠道。如果不及时将不良情绪宣泄出来，不良情绪就会爆发，对人的身心具有极大的负面影响。当孩子因为不满而出现哭闹、烦闷时，父母应该理解孩子的情绪，不要惊慌，不要急躁，更不要用打骂、呵斥的方式来制止孩子，因为强制性的手段往往不利于孩子的心理健康，还容易让孩子养成孤僻的性格。

正确的方式是为孩子提供宽松的环境，让孩子尽情宣泄心中的不满，从而在心理上找到平衡。等孩子情绪平静下来后，父母再因势引导，告诉孩子："你表示不满是正常的，但是……"只有用冷静、理智的方式来处理孩子的不满情绪，才不至于让孩子在不满中失去理智。

3. 帮助孩子宣泄不满情绪

当一个人心里有不满情绪时，就会想方设法发泄出来，孩子也一样。大吼大叫、摔东西、满地打滚、一言不发等，都是他们发泄不满情绪的方式。在成人眼里，发泄似乎是一个负面的词语，事实上，合理地发泄不满是一种正常的现象，可以帮助孩子缓解焦虑和压力。

合理的发泄方式有许多，比如，让孩子把不满情绪写下来，然后装进瓶子里扔掉；向自己的同学、朋友倾诉心中的不满；把枕头等作为让自己不满的对象进行发泄；采取自言自语的方式把心中的不满都说出来；等等。

家长还可以通过带孩子游戏、参与体育活动、进行户外活动、外出旅游等方式来发泄孩子的多余精力，平息孩子心中的不满。

4. 引导孩子多进行自我检讨

在校门口曾经有这样的父子对话。儿子说："爸爸，你怎么才来接我？我都等了半个多小时了。""爸爸一下班就急着来接你了，你还嫌晚，以后自己跑回家算了。"爸爸反驳道。于是，父子俩相对无语，生着闷气走了。

如果做爸爸的能够主动检讨自己，向孩子表示歉意，孩子也会学着用自我检讨去化解心中的不满。比如："爸爸来晚了，宝贝，真对不起，等的时间长吗？"爸爸满脸歉意地问。"不算长，我在跟同学聊天，这不，刚说了一会儿。"儿子回答。于是，父子俩高高兴兴地走了。

孩子遇到不满时，往往会把责任归于其他事物或者其他人身上，如果父母能够在生活中以身作则，遇事多从自己身上找问题，多进行自我检讨，那么，孩子不满的情绪自然会减少，也会变得更加宽容。

发现孩子有不满的情绪时，不要想着通过呵斥等方式去制止，而是要引导孩子发泄心中的不满，让孩子学会处理自己的负面情绪，引导孩子以积极向上的方式合理表达！

及时扑灭孩子的怒火

　　强强 6 岁时，爸爸妈妈离婚了，两年后，妈妈带着他组建了新的家庭。强强对继父一点也不了解，也不想了解，因为他不喜欢继父，他一直怀念着自己的亲生父亲，一想到自己要和一个陌生的男人在一起生活，他就感到很别扭、很烦闷。

　　其实继父对他还算不错，每次回家时，都会给他买一些他爱吃的零食或好玩的玩具。但强强一点也不喜欢他，每次继父和妈妈一块出去玩，强强就假装肚子痛，不让妈妈出去，或者自己大发脾气，搅得全家人都不安生。有时妈妈拉着强强出去玩，没有继父在场，强强和妈妈玩得很好，但只要有继父在场，强强就一会儿这样一会儿那样，在玩的过程中，他也不愿与继父交流，继父问他什么问题，他不是一声不吭，就是随便应付一下。

　　这天，继父和妈妈商量一块去继父的妈妈家，让强强也去准备一下。强强一听去继父的妈妈家，心里不乐意，就赖在房间里不出来，妈妈一催再催，强强就是不愿去。妈妈急了："怎么啦？你这孩子，怎么这么不懂事？"

强强一听妈妈这样说，也开始发脾气，对妈妈说："我就是不想去，我就是不想去！你凭什么让我去别人家，她又不是我的奶奶！"

妈妈忍不住给了强强一巴掌，强强更是又哭又闹，弄得妈妈不知怎么办才好。

愤怒是人对客观事物不满而产生的一种心理状态。研究表明，多数人发怒的持续时间是一分钟到两天，平均为 15 分钟。外向型的人容易通过表情、动作、言语表现出愤怒，常常是暴跳如雷、寻衅发泄、乱摔东西，甚至打骂他人；而内向型的人一般是缄口无言，怒目相待。前者是发泄型，怒气来得猛也消得快；而后者则怒气来得慢也消得迟。

孩子的愤怒情绪主要来源于以下几种情况：（1）内心的伤痛：有些孩子内心受伤时会感到愤怒，并选择奋起反抗。案例中的强强就属于这种情况。（2）可怕的经历：有些孩子的愤怒源于内心深处曾经发生过的可怕经历，当相似的情形再次出现的时候，孩子会以愤怒的方式来表达。（3）不公平的待遇：当孩子受到不公平的待遇时，心中会产生愤怒的情绪。

不管是出自于哪种原因的愤怒，父母都需要及时观察孩子的情绪，并采用各种方法平息孩子的愤怒。如果父母没有及时发现并处理好孩子的愤怒情绪，往往会给孩子留下许多后遗症。轻者，孩子会把愤怒情绪积压在心中，从而变得很叛逆；重者，还会影响孩子的学习、生活和身心健康。

孩子的愤怒是一种正常的情绪，我们不应该否认或者压制。

当然，我们也不希望孩子随意发泄愤怒，成为一个脾气火暴的人。下面几种方法能帮助家长接受并理解孩子的愤怒情绪，协助孩子用积极的方式去平息自己的愤怒情绪。

1. 问清原因，以同理心回应孩子

当父母发现孩子愤怒时，首先要问清楚原因。有时候，孩子愤怒仅仅是觉得委屈和不满，如果家长能够及时发现孩子的这种心情，并用同理心表示理解，孩子的怒气立刻能够消掉一半。

如果孩子因为恐惧、不公平等原因而感到愤怒，家长需要帮助孩子整理一下情绪，让孩子的愤怒平息下来。比如，家长可以说："你是不是觉得这样对你来说是不公平的？我也觉得如此！""我知道你受到了伤害，我们一起想办法来解决这件事情吧！"

在给孩子提出忠告时要走近他，看着孩子的眼睛或摸摸他的肩膀，清楚、明确地告诉孩子应该怎样做，说明父母是无条件地爱他的。比如，妈妈可以抱着孩子，看着孩子的眼睛，慈爱地对孩子说："我知道你很愤怒，但是你这样做是不对的。妈妈希望你能够……妈妈永远爱你。"

2. 不要惩罚愤怒的孩子

在孩子表现出愤怒时，父母虽然不能放任孩子的坏脾气，但也不要用惩罚的方法让孩子承担做错事的后果。英国作家瓦谢尔说过："自然界没有奖赏和惩罚，只有因果报应。"父母对孩子的教育同样遵循这一原则。父母对待孩子，如果经常使用惩罚手

段，效力就会越来越弱，这样你就不得不使惩罚措施升级，而孩子也在痛苦中学会了暴力。

引导孩子认识错误，并引导孩子正确表示自己的愤怒，也许在这一过程中会遇到孩子的反抗和不理解，父母要保持耐心和宽容，不断地引导孩子，不仅要让孩子改正错误，还要保持良好的亲子关系。

3. 不要总是树立愤怒的榜样

天下做父母的都希望孩子上进、懂事，最好是别犯错误。可是，由于孩子能力有限，经验不足而好奇心又强，总是不可避免地会犯各种各样的错误。

大多数父母对待孩子的错误时往往不能心平气和地看待，通常生气、动怒，呵斥孩子，以为这样才能显示做父母的威严。而且父母动怒的时候往往口无遮拦，觉得有资格骂自己的孩子，所以多难听的话都能说出来。有时候，在父母看来，觉得说得越难听，越能提醒孩子注意。实际上，对于孩子来说，越难听的话越伤害他的自尊，越表示父母不喜欢他。可见，难听的话是会带来严重后果的，父母绝对不能说出口。

从教育学的角度来说，孩子犯再大的错，父母在教育的时候也应该对事不对人，让孩子认识到自己所犯的错误，督促孩子改正错误才是教育的根本，父母不必用刻薄的言语去责备孩子，侮辱孩子的人格。况且很多时候并不是孩子的错，不过是做父母的自己心情不好而迁怒于孩子。

遭受挫折，不要憋在心里

挫折是指事情不如预期时的情境与感受。挫折是人生必经的一道坎。当挫折来临的时候，我们几乎没有选择，只能接受无法改变的事实并调整好自己的心态。有些孩子缺少抗挫折能力，接受不了挫折，最终选择了极端的道路，这是很值得让人深思的。

不同年龄的孩子会有不同的挫折经历，也有不同的表现，这就需要通过发现孩子的不同表现来引导孩子。

对于年幼的孩子来说，他的挫折感大多来源于父母不允许他吃饭或者不允许他玩耍。面对挫折，年幼的孩子通常以哭闹或发脾气的方式表现出来。父母应该安抚孩子，让孩子停止消极的行为。

对于学龄期的孩子来说，其挫折感就不一样了。他们的挫折感可能来源于得不到同伴的理解、无法受到老师的表扬、学习成绩不能得好名次……学龄期的孩子在面对挫折的时候会表现出沮丧、失落、忧郁等不良情绪，这就需要父母及时发现并帮助孩子摆脱这些不良情绪。

孩子考试成绩差的时候往往会产生消极反应，诸如垂头丧气、唉声叹气等。如果这时父母再呵斥孩子、打骂孩子，孩子往往会更加沮丧，对于挫折的抵抗能力就更加弱了。

对于孩子来说，从小受一点挫折是有好处的，不仅能够让孩子及早了解社会，也可以增强孩子的抗挫折能力。如果父母一味地保护孩子，不让孩子受苦，不让孩子遭受挫折，孩子就会像温室里的花朵，经不起任何风吹雨打。那么，家长具体应该怎么做呢？

1. 与孩子一起调整心态

当孩子感到严重的挫折感时，父母一定要帮助孩子调整心理状态，渡过情绪困境。例如，当11岁的悦悦在期中考试中失利，爸爸发现孩子考完试闷闷不乐时，这样对悦悦说："考坏了心里很难过，是不是？怕同学笑话、怕妈妈骂你，是不是？"这时候，孩子肯定会向父母说明考得差的原因和自己心里的感受。爸爸顺势开导孩子："我理解你现在的心情，尽管语文成绩不太好，但是你的数学成绩不错呀！"

父母要帮助孩子分析考得差的原因，然后分析错误，改正缺点，争取下次考好。孩子考得差的原因大致有以下几种：粗心大意、身体不舒服、复习不全面、听讲不仔细、考试怯场、考试时间不够、学习方法不好、某类题目不会做，等等。不管什么原因，当孩子考得差时，父母应以乐观的情绪感染孩子，悦悦的爸爸是这样鼓励孩子的："我知道你是一个上进的孩子，每次考试对自己的要求都很严格。一次考得差没什么了不起，让我们一起来分析原因，我相信你在下次的考试中肯定会成功的。"

然后，针对孩子考得差的原因，父母可帮助孩子克服这些缺点和错误。比如，复习不全面，家长可以提醒孩子平时应该认真复习，而不要临时抱佛脚；粗心大意的，教育孩子平时就做到认真学习、仔细做题，养成良好的习惯；听讲不仔细的，让孩子在听讲的时候记笔记，也可以向其他同学借笔记来核对，争取及时消化老师上课所讲的内容。协助孩子分析原因，可以有针对性地帮助孩子改正错误。

另外可以用"承诺"的方式帮助孩子看到生活更为深远的目的和意义。例如，爸爸对悦悦说："你觉得考得不好会让爸爸妈妈很失望，但是，爸爸妈妈一直是以你为荣的。不管你考得怎样，只要你认真去学习了，爸爸妈妈都为你感到骄傲。"

通过调整、挑战和承诺三个步骤，悦悦的不良情绪明显减少了。事实上，鼓励孩子克服困难和挫折的关键就是父母应该对孩子的努力和行为做出正确的评价，让孩子也能够正确评价自己的行为和结果之间的关系。

2. 父母要树立挫折教育意识

许多父母都认为，幼小的孩子心理承受能力弱，挫折会让孩子感到痛苦和紧张，不应该让孩子受到太多的挫折。家长的这种观念直接影响了孩子，于是许多孩子一遇到困难和挫折就寻求家长的帮助。

一个人受挫折，尤其是年幼的时候受一些挫折很有好处。遭受挫折的经历有利于培养人的良好品德，有利于发展人的非智力因素，有利于丰富知识、提高能力。因此，家长应正确看待挫折的教育价值，把它看成是磨炼意志、提高适应力的好方法。

如果父母一味地把挫折教育看成是吃苦教育，只是让孩子参加一些以吃苦教育为主的夏令营，或者参加一些探险活动、到边远山村体验生活等，那就曲解了挫折教育的内涵。真正的挫折教育不仅包括吃苦教育、生存教育、社会教育、心理教育，也包括独立、勇气、意志及心理承受力等方面的培养。也就是说，挫折教育的内容是多方面的，其目的不只是让孩子吃点苦、受点挫折，而是时时地、潜移默化地让孩子在体验中学会面对困难并战胜挫折，培养孩子的抗挫折能力和耐挫折能力。

有挫折教育意识的父母可以把自己事业和家庭生活中遇到的挫折和不如意告诉孩子，让孩子对挫折有一个全面的认识，为孩子正确对待各种挫折和不如意树立榜样。在这种情况下，父母对生活的热爱、执着、不怕困难的态度和坚强的意志，是孩子面对挫折时最强有力的精神支柱。

3. 让孩子承受一些小挫折

在日常生活中，父母要善于主动设置一些挫折，让孩子从小就学会面对困难、面对挫折。比如，在孩子年幼时，当他需要某个物品，父母不要立刻拿给孩子，而是让孩子通过动脑筋，自己想办法去拿；当孩子与朋友之间出现矛盾的时候，鼓励孩子自己与朋友进行协商；当孩子失败的时候，鼓励孩子找原因，总结经验和教训，避免下次重犯；当生活中出现重大的不幸时，引导孩子乐观面对。

只有在成长的道路上受过一些小挫折的孩子，在遇到大挫折的时候才能勇敢地面对。如果孩子的生活一直一帆风顺，那么孩子在遇到困难和挫折时往往经不起考验。所以，父母一定要"狠心"地让孩子多吃点苦。

4. 提高孩子的应变能力

灵活应变是指能够因各种环境及状况而做适当的调适，同时还能充分掌握自我，沉着而不失理智。它是孩子处理困难和挫折的重要能力。培养应变能力，随时准备行动，把握机会或解决问题，可以帮助孩子变得更果断。

父母因急事没有回家，面对这个突发事件，放学回家的儿子有些不知所措，竟然在门外等候了近六个小时，如果不是被邻居发现并领回家中，很可能就在门外过一晚上。

事后，隔壁邻居王大妈是这样说的："幸亏我昨天晚上回来时，看见孩子坐在家门口。要不在那里坐一晚上还不冻病了。"王大妈说，她回来的时候，楼道里没有灯，黑漆漆的，看不清楚，开始她没在意，上到五楼才隐约听见哭声，下去一看，原来是邻居家的孩子坐在门口缩成一团，在那里哭，问了他好几次怎么回事，他才说是爸爸妈妈不在家，他进不了门。王大妈起身一看，门上贴着纸条，让孩子回来去奶奶家里，可能是孩子没看到。回到家，王大妈连忙给又冻又饿的孩子准备了点吃的，安排孩子睡下。

这个孩子在回家的时候，由于父母不在家，他居然只会在门口等，而不知道去邻居家或者给亲戚打电话，如果不是王大妈及时发现了他，说不定他真会在门外冻上一个晚上。由此可见，提高孩子的应变能力真的是太重要了。

在日常生活中，家长应有意识地培养孩子的应变能力。首先，要培养孩子适应自身生理或心理变化的能力，比如，身体的某个部位不舒服时能及时告诉成人；心里有烦恼时，知道向父母或知心伙伴倾诉。

其次，要培养孩子适应周围环境变化的能力。比如，应该知道早晚气温不同，注意保暖；应该知道出门要带什么东西；应该知道不同的地方可能会发生什么情况等。

再次，要培养孩子对突如其来事件的应变能力。比如，突然停电时，怎样去点蜡烛、开手电筒等；遇到陌生人问路时，应该怎样避免被骗；遇到煤气泄漏时，怎样去控制开关阀；着火了知道用灭火器浇灭，迅速转移易燃品等。

最后，要培养孩子对不同事物能够做出不同反应的能力。比如，要相信他人，但是对于陌生人，或者心存不良企图的人又要采取提防的心理，这些都要教孩子去判断。如果父母生病了应该怎么办？老人生病了应该怎么办？显然，老人由于体弱，容易出现突发问题，这时更需要孩子有一定的应变能力。

　　只有培养孩子具有较强的应变能力，遇到紧急情况时才会将损失降到最低，争取到最好的结果。孩子犯错误时不要埋怨他们，也不要奚落他们，应该帮助他们找出错误的根源。

避开青春期孩子的锋芒

　　蒙蒙从小对父母特别亲热，心里有什么总要告诉妈妈，每天放学回家后总是不断地向妈妈讲述学校里的事情，讲老师怎样上课，同学们怎样在一起玩，自己与哪些同学比较好。可是自从蒙蒙上了中学以后，越来越不爱和妈妈谈心了。妈妈好几次问蒙蒙最近学校有什么新闻，蒙蒙总是淡淡地说："没什么。"

　　妈妈多问几次，他就不耐烦了："妈妈，我已经不是小孩了，我应该有自己独立的生活！"后来，蒙蒙喜欢穿磨得破破烂烂、有大小窟窿的牛仔裤和花花绿绿的 T 恤，以为这就是流行趋势。

　　但是，蒙蒙的妈妈总想不明白，好好的衣服、新衣服不穿，却要穿成这样，就算自己小时候家里经济特别困难，囊中羞涩，穷得没钱买衣服，父母也从没想让自己穿得这样捉襟见肘。

　　这天，妈妈又看见蒙蒙站在门外，用石头和沙子猛擦新牛仔裤的裤脚。妈妈一看就非常生气，天啊！怎么有这样的孩子，新买的牛仔裤，他居然这样糟蹋！于是，妈妈马上过去阻止，然后对他说："我小时候哪有这样的衣服穿，有一件新衣服就会爱惜得不得了，没想到你现在却这么不知道珍惜。你是不是觉得生活条件太好了呀？真是个让人心烦的孩子！"尽管妈妈说得满嘴白沫，但蒙蒙好像充耳不闻，对妈妈的唠叨无动于衷，继续低头弄他的新牛仔裤。

妈妈终于气极了，忍不住问蒙蒙："你为什么要把新牛仔裤弄成这个样子？"没想到，蒙蒙竟然理直气壮地说："我就是不想穿新的嘛！"

妈妈担心孩子会有什么事，于是就偷偷查看他的抽屉，蒙蒙知道以后很不满，好几天没有理睬妈妈。后来，妈妈还跟踪蒙蒙，蒙蒙发现后，更是一个月没有理睬妈妈。妈妈心里很苦恼：明明是为孩子好，孩子为什么不领情？

这是因为孩子进入青春期后，常常会有一些逆反的举动，比如不愿意与父母沟通，喜欢做一些出格的事情。孩子随着独立自主意识的不断加强，出现了心理断乳期。心理断乳的真正意义是摆脱对父母的孩子式依恋，走上精神上的成熟与独立。在这个时期，孩子们开始试着管理自己的心灵，希望有一个独立的空间，希望他人意识到自己的成长，希望成人把自己当作成人看待，等等。

这一时期的孩子，最主要的表现就是独立活动的意愿变得越来越强烈，他们不愿意成人再干涉他们的自由。如果这时家长还把他们当孩子来看待，他们就会厌烦，就会觉得伤害了他们的自尊心，从而会出现反抗的行为，来表现自己内心的不满。

家长如果和叛逆期的孩子较劲，不仅无法改变孩子的想法，而且容易造成孩子的心理障碍。

父母应该把孩子的一些逆反行为理解为孩子在为精神独立而宣战。如果父母以宽容的心态对待孩子的一些出格行为，鼓励孩子在精神上朝着独立自主的方式前进，这对孩子的心理成长是极有帮助的。

逆反是孩子们在成长中必须经历的一个过程，这是孩子们逐渐从依赖父母的心理状态中独立出来，从而养成自己判断、自己解决问题的行为习惯的时期，也是一个人社会化的过程。那么，父母应该怎样对待处于叛逆期的孩子呢？

1. 正视孩子的心理变化

孩子进入叛逆期时往往想主动摆脱父母的束缚，割断与父母之间的心理依赖关系。这是孩子自我意识发展的表现，是一种正常的心理，因此父母要正视孩子的这种心理，给孩子一个宽松的氛围，促进孩子自我意识和自主能力的发展。

父母不要因为孩子出现了这种心理变化就惴惴不安，应该充分理解和支持这种变化，并给予积极的引导。比如，妈妈可以说："看来小姑娘已经长大了，有了自己的想法，妈妈真为你感到自豪，如果有什么需要妈妈帮助的，妈妈一定乐意帮助。"这样反而可以引导孩子与父母交流。

在这个阶段，孩子除了基本的物质需要，可能更需要和别人进行精神上的交流。父母应该切实从精神上更多地关爱、鼓励和支持孩子，再也不能把他们当作什么也不懂的小孩子了。

2. 充分理解和尊重孩子

陶行知曾说："人人都说孩子小，谁知人小心不小。你若小看小孩子，便比小孩还要小。"其实孩子像大人一样，也是一个独立的个体，他们希望得到别人的理解和尊重。尤其是孩子进入叛逆期后，往往觉得自己已经是成人了，这就更需要父母耐心地教导，并给予正确的示范。

对孩子由于经验不足而产生的幼稚行为，父母应能包容并进行开导纠正，而不是打骂和压抑。当孩子表达自己的意见时，父母一定要认真倾听，这表示尊重孩子的人格。孩子说得不完整，父母可以补充；孩子说的有偏差，父母可以纠正。比如："妈妈的意见和你不一样，我觉得……更好，你觉得呢？"或者"妈妈认为……你再仔细考虑考虑，梳理一下再下结论"。

父母不要对孩子的不成熟想法泼冷水或是讽刺和嘲笑，而是要将孩子看成是一个独立的个体，给孩子选择自己行为和做决定的机会，父母如有不同意见，应该心平气和地与孩子讨论。要允许孩子有新想法、新思维、新做法，父母不能接受的，不一定是错误的。作为父母，不能要求孩子一定按自己说的去做，尤其是孩子自己的事情。孩子有自己的爱好，有自己的生活圈，父母应该站在孩子的角度，给孩子一定的空间。

在生活中，父母要密切注意孩子在态度和行为上的细微变化，当孩子希望自己的房间没有人打扰时，父母就不要随便进入；当孩子拥有记录自己秘密的日记本时，父母就不要偷看，更不能采取打骂体罚的方式来窥探、监视和干涉孩子。

3. 满足孩子"被肯定"的心理需要

在孩子的成长过程中，父母要满足孩子"被肯定"的心理需要。父母不要总是从"品德问题""性格问题""安全问题"等方面去评价孩子，不给孩子自我表达和自我实现的机会。越是"不安分"的孩子，越是容易引起家长的反感，但对他们限制过多、强迫过多，孩子受压抑的能量未能得到合理的释放，就容易与父母发生对立和冲突。

如果正常的心理需要总被否定，会导致孩子想不通，用父母不赞成的方式来发泄他的不满。相反，有些孩子认为自己的所作所为无法获得父母的认可，因此故意抱着敌对的情绪，但是当父母出乎意料地肯定了他时，孩子就会显得不好意思，反而会故意来迎合父母，努力按父母的要求去做，让父母感到高兴。

4. 多让孩子进行自由的活动

如果孩子不喜欢和父母沟通，父母应该找原因，是不是自己对孩子的生活干涉太多，导致孩子产生了逆反心理。多让孩子进行自由的活动是促进父母与孩子之间感情的好方法。比如，当孩子有同学、朋友来玩时，父母一般不要偷听孩子们的谈话，给他们自由的空间；也可主动让孩子邀请同学到家玩，自己外出以给孩子充分的自由空间，但是，要求孩子在活动结束后，和自己谈谈活动的情况，以便及时了解情况，也可促进与孩子之间的沟通。

平时，孩子若想和同学朋友开展什么活动，只要不是太出格的活动，父母最好都支持孩子，可以适当有所限制，但不能拒绝孩子参加。比如，当孩子说想在周末和同学出去野营时，父母应该说："妈妈支持你的活动，但是你要告诉妈妈到哪里，有多少人，什么时候回来。"孩子多半是会和父母讲具体情况的。因为，父母放手让孩子进行自由的活动，表明了父母对孩子的尊重，孩子自然也会尊重父母，愿意和父母交流。

5. 耐心地与孩子进行交流

引导孩子与父母进行交流，需要父母有耐心。所谓欲速则不达，操之过急反而会使孩子感觉父母想控制他，因此对父母敬而远之，这样就达不到预期的效果了。耐心应该表现在：一方面，一如既往地照顾孩子、关心孩子，让孩子知道父母永远是他最重要的支撑，家庭永远是他最重要的港湾，他永远可以在这里寻求帮助；另一方面，父母应尊重孩子的选择，鼓励孩子去开创自己的生活。相信在父母的耐心引导下，孩子是愿意与父母进行交流的。

对处于叛逆时期的孩子，父母要善于与孩子进行沟通。父母可以把自己青少年时期的一些躁动、不安、困惑的情绪说给孩子听，把自己当时的内心感受也说给孩子听，而且能理解孩子的某些幼稚的行为，这样，孩子视父母为可信赖的朋友，就会把自己内心最隐秘的事情说给父母听。

与孩子建立一种平等、亦师亦友的关系，相信孩子的独立处事能力，营造宽松和谐的家庭环境让孩子进行自我调节，这样才能让孩子顺利度过心理叛逆期。

教孩子学会控制自己的情绪

不良情绪是人心灵中的毒瘤，如果不能控制，烦恼将一直跟随着孩子。

正赶上周末，一早吃过饭，凯凯拿起电话，和几个要好的小伙伴约定 10 点钟准时在楼下集合。原来，他们要去挨门挨户回收旧电池，这是响应学校做"绿色环保"倡议者的号召。

集合完毕，凯凯向大家交代了要求，小伙伴们兵分两路，开始行动。凯凯带着 2 个人去 1、3 号楼，双虎带着 3 个人去 2、4 号楼。

最初，凯凯和小伙伴在 1 号楼的回收工作进展得非常顺利。居民们很配合，他们从家里拿出废旧电池给小朋友，并不断夸奖这帮孩子。小朋友们高兴极了，不一会儿，就回收了两大袋废电池。

该收第 3 号楼的废旧电池了。小朋友们叽叽喳喳地敲响了一户人家的门。透过防盗门的窗户，一个中年妇女出现在凯凯他们面前。凯凯很有礼貌地说："阿姨，我们是环保小组的，您家有废旧电池吗？"不等他说完，中年妇女满脸不高兴地说道："什么环保？你们是玩腻了吧？到别处玩去。"说完，她用力把门关上。凯凯大声解释道："我们不是玩，我们是为了环保。"从屋内传来中年妇女的声音："你们再不走，我就放狗了！"屋内传来几声狗叫声。凯凯和伙伴们急忙跑出楼，刚才的喜悦已荡然无存。伙伴们个个愤愤不平。

凯凯说："那个阿姨真坏，不给我们也别骂我们呀。"

阿哲附和道："就是，还要放狗咬我们。"

凯凯气愤道："那咱们不收了。"

凯凯一进家门，小嘴气鼓鼓地噘着。妈妈问明缘由后对他说："你们已经收了1号楼的废电池，就差3号楼了，放弃多可惜！"

阿哲辩解道："都怪那个阿姨，她好凶啊！"

妈妈说："你们是为了那个阿姨才去收废电池的吗？"凯凯的声音小了许多："不是。我们是想当环保小队员，保护环境。"

妈妈接着说："就因为那个阿姨，你们就闹情绪，就不愿去收废电池了，那还当什么环保小队员？"

凯凯不说话了。妈妈继续说："今天是你带着小伙伴收废电池的，你一闹情绪，不光是你自己白干了，你的小伙伴也都白干了，你说你以后再想组织他们，他们还愿意听你的吗？"凯凯怔了怔，觉得妈妈说得有道理，然后决定和小伙伴们继续去完成任务。

凯凯和小伙伴们在回收废旧电池的过程中遇到了不友好的阿姨，她用风凉话和吓唬人的话赶走了孩子们，可以说这是给孩子们的满腔热忱泼了冷水。面对这样的挫折，不谙世事的孩子们会有情绪，说些赌气的话是很自然的。难能可贵的是，凯凯的妈妈及时、正确地引导凯凯，使他明白了要做好一件事情不是一帆风顺的，往往会出现不如意的情况或遇到意想不到的困难。如果闹情绪、打退堂鼓，会影响大家的积极性，是做不成事情的。因此，要教育孩子理智行事，少说或不说闹情绪的话，也不要埋怨、沮丧。具体可从以下几方面着手：

1. 用言语提示和安慰自己

当孩子因遇到难以克服的困难而发愁、烦恼时，教孩子用言语有意识地提示自己、暗示自己，使不良情绪得到调整和缓和。比如，可以用"不要急，想一想，总会有办法的"等言语安慰和鼓励自己。

2. 通过改变环境来调节情绪

有研究表明，在发生情绪反应时，头脑中有一个较强的"兴奋灶"。这时如果另外建立一个或几个新的"兴奋灶"，就可抵消或冲淡原来的优势中心。因此，当发现孩子的不良情绪即将爆发时，可以教孩子学会通过有意识地转移话题，或让孩子做点其他事情如有趣的游戏活动、看动画片、拿出新的玩具给孩子玩等来分散孩子的注意力，就可使不良情绪得到缓解。

3. 借助他人来疏导自己

情绪的自我调整并不是说所有的消极情绪完全由个人内化、

消释，还包括借助他人的帮助与疏导。在听到别人对自己的劝说和安慰以后，不良情绪会得到一定的化解。因此，要让孩子懂得情绪不好时，也可以向他人请求帮助。

4. 学会用意志控制自己

意志可以起到调节情绪的作用，要让孩子学会用意志战胜随心所欲地宣泄自己情绪的惯性。

对于家长来说，当我们有重要的事要做，而孩子又不厌其烦地对我们提出请求时，或者当孩子犯错误时，我们应怎样对待孩子？是情绪化地对孩子说"真烦人，别说了"来让孩子中止请求，或者带着怒气打骂孩子，还是耐心、诚恳地给孩子讲明道理。如果是前一种方式，孩子不但听不进去，还会感受到父母的情绪，甚至不知不觉地模仿父母说的情绪话，并转化成他平常的说话方式。因此，家长和孩子说话时最好采取和颜悦色的态度，不可说情绪话。

在日常生活中，家长应该注意观察孩子，及时发现孩子烦恼的信号。否则，孩子将被各种各样的烦恼所困扰。

父母应该教孩子以正确的态度和措施来保持乐观的情绪，这是促使孩子摆脱消极情绪的好方法。

孩子是独立的个体，他有自己的思考能力，所以，在关于孩子的事情上，父母应该和孩子商量讨论，倾听孩子的意见。

好父母日常家教演练

1. 在日常生活中，你能否及时发现孩子烦恼的信号？

_____

_____

2. 当孩子消极悲观时，你会采用什么方法引导孩子的情绪？

_____

_____

_____

3. 当孩子在外面受了委屈，你会如何为他做心理疏导？

_____

_____

_____

4. 当孩子对父母释放不满情绪时，你会怎样应对？

_____

_____

_____

5. 当孩子发脾气、摔东西时，你会怎样应对？

_____

_____

第四章

培养男孩的礼仪：

有亲和力的孩子人人爱

社交能力的培养越早越好

　　如今的家长越来越明白一个道理：孩子的社会交往能力是他们未来生存的重要能力，社会交往能力强者往往会有更多的朋友，也会取得更大的成功。随着社会的不断进步，现在孩子的成长环境越来越好、越来越优越，日常生活和活动也更加丰富多彩，所有这些软件和硬件的不断提升都在客观上要求孩子更会表达、表现自己。对此，父母要放下无谓的担心和偏见，鼓励孩子与人交往，大力帮助并引导他们去认识更多的朋友，开阔视野，建立纯真友谊。让他们走出狭小的家庭环境，在与同龄人和集体的相处中感受到更多的温暖和沟通的乐趣，在心与心的交往中潜移默化地不断丰富自己的情感世界。

　　社交能力是人类的基本能力，尤其是在现代社会，任何一个人都需要掌握比以往更强的社会交往能力，而且一个人的能力和价值往往能够在不断交往中得以最大限度体现。越来越多的父母也已经认识到这一点，并从孩子一出生就着手培养他们这方面的能力。父母在孩子前期性格形成过程中起着主导作用，因此父母不要轻易放弃自己的"角色"，要正视自己的角色。当孩子的敏感和脆弱给孩子带来负面的影响时，父母要做好引导工作，起到桥梁纽带的作用，帮助孩子驱散心头的阴霾，不断增强自己的交际能力。

正确的教育理念是家长不但应该满足孩子的基本物质需求，也就是给孩子提供轻松舒适的生长环境和优越的生活条件，还要教会孩子如何自信地与人交往，成长为一个自信、阳光、开朗、落落大方、平易近人的人，这样更容易获得别人的接纳和赞赏。而培养这样一个优秀的孩子，一定要遵循"培养要趁早"的理念。

我儿子4岁半了，他聪明可爱、伶俐乖巧，就是性格不是一般的内向，真让人着急上火。他不仅跟陌生人不敢对视说话，就算碰到熟人也一样沉默不语，有时甚至还会因害羞而生闷气，以自我伤害的手段阻止父母要求他跟人沟通。我和他爸爸也费了不少心思、跟他讲了很多道理，可一点儿效果都没有，眼瞅着他一天天长大，真发愁他以后该怎么办啊。

这是一位妈妈的"吐槽"。孩子到了成长关键期，正是学习社交礼仪、参与社会交往的重要阶段，孩子会在这个阶段学习如何与人交流。孩子此时基本都开始上幼儿园，生活圈子陡然增大，会突然接触到很多的同龄小伙伴。这时，需要他们自己去面对很多的"陌生人"，这是一个逐渐适应的过程。但由于每个孩子性格、心理的不同，在遇到相同情形时的表现也十分不同。一些孩子因为性格内向、喜欢安静、缺乏自信而表现得十分害羞；而外向的孩子在交往中往往能够更快适应，相对也表现得比较大胆，更容易融入集体生活。当然，父母一定要认识到，性格类型其实并没有好坏之分，只是表明了孩子认识世界、沟通世界方式的不同，不能由此给孩子贴性格标签。但家长一定要时刻注意孩子成长过程中的心理变化，别误把不自信当成孩子的内向和害羞，否则会对孩子的身心发展产生很大的负面影响。家长一旦发现孩子不自信，就需要根据孩子的性格特点因势利导，让他们摆脱自我怀疑和自我否定，逐步学会表达自我，并慢慢喜欢与同龄人交往。

如果孩子的表现并不十分令人满意，家长也不必担心，这个年龄段孩子的性格可塑性很大，只要家长能够及时发现不好的苗头并加以正确引导，孩子能够做到更好。具体方法可参考以下几点：

1. 鼓励孩子抓住机会参与社交

为了锻炼孩子的社交能力，不至于在以后的生活中被"孤立"，父母可以鼓励孩子参加朗诵、联欢或其他集体活动，还可以经常带孩子与亲朋好友走动，或在家中举行聚会以增进他与其他人的感情。要鼓励孩子拿出心爱的玩具、零食与小朋友一起分享，让孩子慢慢习惯和别的孩子分享与交流。但是要牢记，孩子毕竟是孩子，需要家长的辅助和保护，所以初始阶段家长在一旁的陪伴和鼓励，会让孩子更容易进入状态。

2. 家长应做好引导，让孩子扬长避短

很多小女孩的家长说："我的女儿胆子小、害羞，就是不肯

迈出家门一步。"实际上这种认识是被孩子的弱点蒙蔽了双眼，家长无法走出对孩子的固有印象了。不要轻易为孩子的性格、行为设限，否则就会引起马太效应：越大胆的胆子越大，越害羞的越发害羞。还有些家长有攀比心理，总想让自己的孩子高人一头，比别人聪明、比别人懂事，一旦事与愿违，就会说："你看隔壁伯伯家的孙女出门都会打招呼，你怎么就是个闷葫芦！"这样强行的、不切实际的比较，会对孩子幼小的自尊心产生伤害，让他们更加自我封闭。所以，父母首先要认清实际情况，不要漫无目的、不切实际地去做对比，要鼓励孩子，相信他们会有自己的长处和优点。

当有其他人向自己的孩子主动问好、打招呼时，父母不能越俎代庖，而要鼓励孩子自主回话。如果孩子还是扭扭捏捏不愿意说，可以进行一些引导，如："小朋友跟你问好了，我们该怎么办啊？"主动让孩子适应社交规则，当孩子自己与"陌生人"迈出了交流的第一步后，应不断加以训练，孩子逐渐就会适应这种情况，自信心就会慢慢地建立起来。

3. 教给孩子与人交往的技巧

家长不要以自己的威严压人，而要主动了解孩子的身心发展状态和所处阶段，并将所学、所知的技巧在适当的时机教给孩子，这是让孩子逐渐自信起来的最佳办法。例如，教孩子将自己认为好玩的玩具主动与集体的其他成员分享，并介绍玩具的玩法、交流心得，就能迅速认识很多小朋友；主动回应他们的要求也是迅速认识新朋友的办法；如果看到别的小朋友有好玩的玩具或者好吃的，要主动去问，否则不会有人反过来问自己的，这是要让孩子明白的重要一点。对方同意了，要先说"谢谢"，即便对方不同意也不能撒泼打滚，此时家长要站出来迅速转移孩子的注意力，避免过多纠缠。一定要让孩子明白一点：在社交中，并不是你所有的要求都会得到圆满的回应，社交过程中的孩子是一定会经历失败的，要学会承受不如意、不满意，这是人际交往中不可或缺的一部分。

4. 家长不能吝惜自己的掌声

不仅是孩子，每个人都是如此，迈出任何一步都很不容易，都需要克服极大的心理障碍，一旦孩子迈出了第一步，父母一定要及时送上掌声，予以鼓励和肯定。家长的表扬又反过来会让孩子更加自信，更乐于去和别人交往，从而形成良性循环，促使孩子不断成长。

总之，一个善于交往的孩子更容易成功，身边也永远有好友辅助。因此，家长需要教给孩子与人交往的本领，让孩子做一个更加自信、更加优秀的人，从而受益终身！

培养有利于人际交往的良好品质

　　很多孩子都爱记日记，这也是倾诉个人情感和小秘密的特别方式。有一个三年级的男孩曾在日记里写道："我还是比较活泼的，虽然长得并不十分好看，但至少属于中等。成绩还可以，总能保住前十名。我对自己要求也不高，对以上几点比较满意，但有一点让我头疼，那就是跟班里其他同学关系比较冷淡。我能够强烈地感受到周围其他男生对我十分反感，看到同学们常在一起说笑玩耍，我也想加入他们，但不知怎么开口。后来我实在是憋得难受，就问了一个玩得比较好的朋友，对方告诉我，他的同桌曾亲口说他反感我，什么原因也没说，还发誓不让我的好友告诉我。在这一点上我就十分感激我的这位好友，然而事情并没有得到解决。虽然我已经确认同学们不喜欢我，可是我也感到十分委屈，因为我并没有做对不起他们的事。我深刻反思后认为，也许是我说话的方式让他们不舒服了吧，但这也不是我的错呀！因为我真的不知道怎样跟其他同学沟通，也不知道怎样让别的同学喜欢和我说话、交往，更别提有共同语言了，真是让人头疼啊！以后还要上中学、大学，该怎么办啊？"

可能不少家长也听到过孩子有这样的苦恼："爸爸妈妈，我们班的小朋友都不喜欢跟我玩，可是我很想跟他们玩，我也不知道怎么做才能让他们喜欢我，怎么办？"显而易见，孩子有着参与社交的强烈愿望，奈何找不到合适的方法。面对无法打开的局面，许多孩子感到无助和迷茫。

面对这一困境，家长首先要做好孩子的领路人，让他们明白一点，善于人际交往的孩子往往在性格、品质上有着良好的表现，而如果不被人喜欢，首先不要抱怨别人对自己态度淡漠，而要从自身寻找原因。面对孩子强烈的社交意愿，家长可以这样开导孩子："孩子，一上来不要抱怨其他小朋友不和你玩，要先找找他们那样做的原因，可以直截了当地问他们为什么不喜欢自己，或者分析其他深受欢迎的孩子有什么共同点，并具体分析他们的说话方式、内容。学习别人与人交往中的优点，对自己的不当言行进行调整。我们共同努力，相信你也一样能够成为受欢迎的孩子。"

对于小孩子，家长不但要成为他们物质生活的保障者、学习上的指导者，更要成为他们无话不谈的好朋友、好伙伴、知心人。一旦他们有了困惑和烦恼，家长要及时答疑解惑。每一个孩子都不想被孤立，都想成为被关注的中心、受欢迎的人，对此，家长首先要肯定他们的想法，同时要告诫他们多从日常行为中注意自己的言行，从而养成良好的交往品质，具体可参考以下几点：

1. 拥有自信

自信是一个人的优秀品质，也是人际交往中不可或缺的重要特质，因为只有充满自信，才敢于让别人了解自己，从而赢得更多友谊。大量事实证明，自信的人最容易赢得尊重和喜爱。自信的人最能把握交往尺度：落落大方、从容淡定，不会陷入盲目清高、没有清晰自我认知的境地。要明白自己的弱点和不足，而且善于听从别人的劝告，能够随时纠正自己，勇于改正自己的错误。关于如何培养一个人的自信心，首先就是放弃自负、善于剖析自己，然后发扬自身优势、及时改正错误，在社会实践中不断磨炼，从而能够尽快成熟起来，独立面对各种挑战。

2. 内心真诚

对人以诚信，人不欺我；对事以诚信，事无不成。真诚永远是做人的根本原则。要想交到真正的知心朋友，就要学会真诚待人，唯有抱着一颗真诚的心，才能在交往中赢得真友谊，彼此肝胆相照，才能收获天长地久的情谊。

3. 充分信任

信任是相互交往的基石，只有从积极的角度去理解他人的动机和言行，才会赢得更多的交往机会。同时要明白一点，信任是相互的，要想获得信任，首先要做到相信别人。以宽大的胸怀待人，人才回以宽大的胸怀。首先要保证自己做到，而不是要求别人先做到。

4. 善于自制

相关研究表明，成功的人大都有着极强的自制力，这是尊重规则、坚守规矩的重要前提。与人相处也是如此。我们可能经常会由于意见不同、误会等原因发生争吵，甚至推搡拉扯，但面对这些摩擦时，如果能够学会克制自己的情绪，可能会化解大部分矛盾。做到控制自己冲动的情绪，尤其是在自己的自尊与利益受到损害时更要如此，这样才更容易冷静地分析形势，妥当地处理问题。但要明白一点，克制并不是无条件退让，面对无理取闹，更不能一味忍气吞声地任凭他人无端攻击，这是怯懦的表现，不是正确的交往态度，一定要清楚克制与懦弱的界线。

5. 抱有热情

对人、对事的态度有时也决定了事情的进展。人是感情动物，如果你对交往的对象抱有极大热情，相信对方也不会冷脸相对、无动于衷。所以，在人际交往中，热情的人常常能够较早得到他人的好感，并赢得更多友谊，因为你的热情能够让对方感受到你的真挚情感，更能让人相信你，从而促进相互理解，化解尴尬局面，赢得微笑和信任。因此，待人热情是沟通人的情感和交往中不可或缺的重要一点。

总而言之，人际交往确实是一门学问。在教育孩子的过程中，不仅要让他们掌握科学文化知识，更要优先培养其良好的性格和优秀品质，从而能够让孩子在未来人生道路上拥有更加良好的人际关系，赢得更大的成功。

文明礼让，凸显孩子的高素质

　　如今的孩子，从小就是宝贝疙瘩，被爸爸妈妈、爷爷奶奶、姥姥姥爷宠着，想事、做事总以自我为中心，所以儿童之间因互不谦让或不肯谦让而发生矛盾的现象非常普遍。有些家长也不把这些小事放在心上，反而因为自己的孩子强抢到玩具而高兴，认为自己的孩子"聪明伶俐"。其实，这是最危险的，父母的价值观一旦失了水准，孩子的教育就很容易出问题。更严重的是，这些父母都忽略了不懂谦让所带来的一些重要的负面影响。一定要明白，不懂谦让的孩子的人际关系自然也不会好。

　　谦让是一种美德，是一种自我约束的高级表现形式。中华传统文化经历了数千年传承，先辈将谦让的美德融入众多作品中。例如，启蒙读物《千字文》《三字经》都把"礼让"作为教育孩子的一个重要内容。古往今来，人际交往时的礼让在某种意义上代表了社会的文明程度。

　　因此，如何让孩子拥有并发扬礼让这一优秀品质，是当今家庭教育的一项重要内容。然而在生活中，我们经常看到事与愿违、甚至让人不适的场景：两个孩子在一起玩耍打闹，父母想当然地希望哥哥让着弟弟、妹妹，把这种处理办法看成理所应当的，但在哥哥看来这是非常不公平的，更有些孩子对此很反感。与此相反，有些孩子为受表扬而表现得谦让，带有极大的功利性，而不是出于本心和对公序良俗的尊重；也有些孩子为获得更大的物质上的弥补而谦让。总之，抱有种种目的的谦让已经偏离了它的本义。

其实，孩子之所以不懂得谦让，来自其"任何东西理所当然都是自己的"的认识，这种习惯不是与生俱来的，而是在后天生活中慢慢形成的，说起来，父母应该承担很大责任。谦让永远不可能是与生俱来的本能，这需要后天的大力培养，也就凸显了父母的重要性，所以与其指责孩子，父母倒不如把更多精力用在反思自己上。父母该如何教育孩子做一个懂得谦让的人？在这个竞争激烈的社会，如何在谦让与保持生存能力之间小心翼翼地找寻平衡？在孩子懂得谦让的真正意义前，父母要做的还有很多。

谦虚礼让是我们的传统美德，我们有义务将谦虚礼让继承和继续发扬光大。那么家长到底应该怎样让孩子养成谦让的优良品德呢？

1. 营造适宜的环境

儿童期孩子的个性尚未稳定，受环境影响极大，此时他们对事物的看法往往脱离不了父母长辈、老师的一言一行的潜移默化。因此，家长要努力为孩子营造一个和谐、有爱、谦让的良好氛围。夫妻之间、邻里之间也要保持谦让，而不是专门演给孩子看。在良好的氛围中培养孩子谦让的品行才是教育的根本大计。总之，人不可能脱离环境而独立存在，所以要让孩子学会谦让别人，就要让孩子从小在谦让的生活环境中成长。

2. 情景模拟

家长可以有意识地为孩子设置因资源不够而发生分配不均的情景，让孩子设身处地为他人着想，使之从中慢慢地学会谦让。例如，平时在家，家长可以分享孩子感兴趣的食物、玩具等，让他们处于焦虑状态，培养他们尽快明白并非所有的东西都属于自己，要学会与人分享。消除独占意识，会使孩子逐渐做出谦让的行为。

3. 循循善诱

对于不懂得谦让的孩子，家长要不厌其烦地抓住适当机会给孩子讲道理，应避免用暴力解决问题，因为粗暴的管束不仅不会有助于解决问题，还有极大可能加重孩子的负面情绪，使他更加坚信是家长导致了局面的恶化，而不会去深入思考和理解家长的真正用意。家长可以采取正面引导与耐心说服教育的形式来教给孩子与他人友好相处、共同分享的方法，让他们真正参与其中、体会到谦让带来的快乐和好处。在孩子与同伴相处的过程中，让孩子明白谦让带来的快乐和满足感不会像食物和玩具一样越分越少，而是"众人拾柴火焰高"，明白谦让是一种"多赢"的优秀品质。

具体操作时，可以采取惩罚性措施，如暂时不让孩子参加游戏，使他意识到自己的行为会给自己带来惩罚，是错误的。更重要的是告诉孩子处理矛盾的方法，使其明白：相互谦让不仅会赢得更多机会，还会获得更多珍贵的友谊，不仅使游戏得以顺利进行，更增进了感情。

4. 重视言传身教

要想将"谦让是一种美德"的观念深深烙印在孩子心中，使其成为孩子处理事务的一项原则，从而激发他们的道德意识，家长在日常生活中就应该率先垂范、言传身教，一定要坚持正面引导，从小培养孩子谦让的品质和性格。这样，孩子在以后的成长道路上就拥有一把解决难题的金钥匙！

学会分享，赢得友谊

虽然孩子是家里的宝贝，但也要学会适当放手，因为他们最终要走向社会，要在更大的群体中生活、学习、工作。这就要求孩子掌握更多的生存能力，与人分享就是其中非常重要的一点，因为善于分享会让他们得到别人的尊重、信任与支持。父母都希望自己的孩子学会与人分享，养成慷慨大方的性格气质，以期他们在以后的生活、工作中获得更大的成功。

分享就是将自己真正喜爱的事物、美好的情感体验或者一部分劳动成果与其他人共同享用。一个人能够做到"分享"首先意味着要具有一颗宽容的心，意味着具备了较好的协同合作精神和不错的交往技巧和能力，而这些素质和能力都是引导孩子走向成功的不可或缺的要素。

然而，不管面对多美好的事，都有不懂得其妙处的孩子。如果孩子不愿意与人分享，父母首先要耐心分析原因，然后从中找到解决的办法。首先，当代社会的孩子大多是独生子女，难免养成傲慢的性格，在家庭生活中，没有需要他们伸手帮助别人的氛围；其次，因为上一个因素的后续影响，孩子普遍缺少替他人着想的意识，这或许是没有相应环境影响造成的；最后，孩子们尚未形成系统的认知能力，还不能够从思想上真正认识到自己与他人的关系，如果没有父母和老师的正向引导，他们根本没有为他人考虑的意识。

父母要做好孩子的领路人，及时纠正他们的不良习惯，让他们不要自私，培养他们与人分享的意识。具体而言，可以从以下几个方面强化这一点：

1. 学会分享图书、玩具和食物

从分享自己的食物和玩具开始，父母可有意引导孩子慢慢开始分享之旅。还可以借孩子过生日等机会，邀请他的伙伴及其父母一起来分享生日蛋糕，让孩子真切感受到分享带来的快乐。此外，孩子有了新玩具或新图书，父母也可以及时引导他们把喜欢的图书带到幼儿园，与同伴分享，这会让孩子们通过交流图书的内容促进感情，让孩子懂得好东西要与人一起分享才快乐的道理，能帮助其获得更多的快乐。

孩子的成长具有阶段性，不像成年人那样稳定，因此教孩子与人分享物质，要根据其具体年龄，分阶段采取不同的方法。自私是人的本性，当孩子小的时候是不知道、不愿意把自己的东西拿出来和别人分享的。两岁以前的小孩一般没有固定的同龄人玩伴，还不能和其他小朋友一起玩，通常是大人带着玩。这个时期，父母的影响最大、最直接，此时的孩子如果想要别人的东西，必须要求他们学会用敬语和谦辞，如"请问""请"等。

从孩子两岁起，随着其生理、心理的逐渐成长，父母就可以开始教他们分享了。但一定要牢记的是，对待孩子的教育首先要有耐心，教孩子和别人分享，不要上来就硬生生夺下来，要慢慢劝说，不能强迫。循序渐进地培养孩子愿意分享的习惯，同时要让他们确实感受到分享带来的快乐和满足感，这样一来，他们同别人分享时可以玩得很高兴，可以交到朋友。同时，要让孩子明白分享的边界，不分享也是他们的权利，不用牺牲自己的快乐去满足他人。

2. 分享自己的乐趣

当自己感受到快乐时，往往有与他人分享的冲动，从而能够让大家一起感受这种乐趣，产生一种因分享而带来的快乐和满足感。何乐而不为呢?

3. 分享自己的成功

既然孩子有能力获得成功，父母就要顺势而为，培养孩子大气的性格。父母要引导孩子从小分享自己的成功，并享受他人成功带来的快乐，这一点很重要。

4. 家庭环境的影响最为重要

孩子具有天然的学习能力，他们善于观察和模仿，父母的言行举止时时刻刻影响着孩子的言行。

（1）营造合适的环境。在家庭中形成尊老爱幼的良好氛围很重要，父母也要多引导孩子从身边的小事做起。如把新玩具拿给小朋友玩儿，把好吃的主动拿给爷爷奶奶、爸爸妈妈，由此让孩子渐渐养成乐于分享的习惯。

(2) 积极引导。孩子在这一阶段尚不具备主动分享的意识，所以父母的引导显得尤为重要。父母可以在适当的时候，比如睡觉前给孩子讲故事，内容就围绕分享和谦让，并安排个美好的结局，从而让孩子从小懂得谦让并对预期的结果有着美好向往，这样才会促使他们乐于把好东西拿出来分享。

(3) 做孩子的榜样。父母是孩子的第一任老师，父母的行为、言谈举止和情感态度，以及处理事物的情绪、方式、方法，时刻都对孩子的身心发展产生深远的影响。因此，父母要实实在在肩负起责任，在日常生活中做个有责任心的好榜样，平时也要对孩子的教育紧抓不放，抓住一切机会为他们做好行为示范，并让他们从言行上得到熏陶。同时，父母必须经常规范、审视自己的言行，为孩子做出良好的榜样。

综上所述，为了让孩子的身心得到较好发展，父母也要有原则，不能对孩子有求必应，而要以养成正确、高尚的行为习惯为导向，让孩子在和别人的交往中，自己决定什么东西要在什么时候拿来分享。

父母要谨记自己默默守护者的身份，不可轻易越俎代庖，替孩子做出决定，只可积极引导，不可强迫孩子改变自己的意志。分享只是一个过程，痛苦和欢乐一样值得分享，都对情绪的宣泄和释放具有正面作用。教会孩子与朋友分担痛苦，对方的痛苦也许会减少许多，因为心灵得到了安慰；教会孩子和朋友分享快乐，自己的快乐就会成倍增长，因为快乐会刺激人的兴奋神经。总之，懂得分享的孩子更健康、更快乐。

让孩子成为文明礼貌的小绅士

我们来看一个案例：

一天，从小就喜爱音乐的王猛一边走路一边哼着歌，完全沉醉其中，却一不小心和班上的大个头陈凌撞在一起。

陈凌一脸不屑而又恼怒地盯着王猛看，还阴阳怪气地说："真是一条挡道的好狗啊！"王猛气得瞪大眼睛，也没好气地回应："柴狗眼瞎！"陈凌也被激起了怒气，随之嗓门儿也大了起来："你才眼瞎呢！"王猛又说："你是瞎了眼的一条狗！"陈凌仗着身高优势向前一步大声喊道："你才瞎了呢！"两个人你一言我一语，吵得脸红脖子粗，谁也不肯拉下面子低头认错。

最后，两个人打了起来，陈凌人高马大，占有优势，把王猛打伤了。看着受伤的王猛鼻子流血了，陈凌吓傻了，后悔不已。之后老师把双方父母请到学校来一起开了会，商量解决办法。

陈凌的父母首先为王猛被打道歉，并取得了对方及其家长的原谅，但他们并没有劈头盖脸地责骂孩子，甚至连指责都没有，看着有些后悔而无助的孩子，他们反倒安慰起来。

陈凌向他父母求助："爸爸妈妈，我该怎么办呢？是不是要坐牢啊？我可不想坐牢啊！你们帮帮我吧！"妈妈问陈凌："孩子，我们不能因为强壮就去欺凌别人，现在你真的知道自己错了吗？以后再发生这样的事情，你知道该怎么做吗？可千万不要打架了！这样对解决问题毫无帮助，还会带来更严重的后果，知道了吗？"陈凌忙不迭地点头。

"那你跟妈妈说说你该怎么做？"妈妈问陈凌。"要注意礼貌，撞到别人后，即便不是故意的，也要说'对不起'，而不是张口骂人、无理取闹。"陈凌对妈妈说。妈妈听完后知道他已经意识到了自己的错误，也对他的成长深感满意，高兴地点点头。

同学之间产生矛盾且最终大打出手，主要就是因为互不谦让，可见文明礼貌直接关系到孩子的人际关系。

其实，在孩子还小的时候，无论是老师还是父母，都会不停嘱咐孩子要做一个文明礼貌的好孩子，不能张口就骂人。但是，随着孩子年纪的不断增长，这种教育也逐渐被忽视，父母转而把精力和时间都放在了孩子的学习上。这其实是教育理念缺失和偏离的表现，孩子的教育应是全方位的，需要全面发展，而并非单一的学习和掌握知识，这也是我们一直倡导的素质教育的根本要求和内核。要知道，一个毫无规矩、满嘴脏话的人，无论是在生活、学习还是工作中，都无法获得他人的尊重，也无法与他人友好协作，当然也就不易获得珍贵的友谊，这样的人生又谈何幸福呢？

要想让孩子脱离这种低级趣味的影响，最终成长为一个有所作为的人，父母应严格规范孩子的言行，让孩子从小懂礼貌、讲文明。

如果孩子总是说脏话，那么父母首先要自我反省，认识到肯定是家庭教育出了问题，然后找出问题一一解决。父母应该做到以下几点：

1. 根据孩子所说内容找出问题，逐一改正，并加以阻止

父母在听到自己的孩子说脏话时，不要气急败坏，也不要不管不顾。首先要保持冷静，以正常语气跟孩子沟通，让孩子不至于吓得不知道如何表达。例如："孩子，你刚才说的那句话里有个词非常坏，我们要抛弃它，明白吗？我们可以用更好的方式沟通，不是吗？""你是个乖孩子，不能这么讲话，知道吗？""这样讲话会让你失去很多好朋友，连父母、老师也不喜欢你了！明白吗？""你不想失去好朋友，对不对？那么我们该怎么跟对方讲话呢？""这就对了！这样才是人人喜爱的好孩子。"

父母首先要保证自己心平气和，否则就没资格去教育孩子，效果也不会好。此外，要避免和孩子说大道理，这样会引起孩子反感，反而达不到教育的目的和效果。

2. 以身作则，彻底斩断孩子脏话的源头

生活中大多数情况是这样的，大人因为在社会上熏染已久，难免在孩子面前会"出口成脏"，家长面对孩子时需要自我约束，而不是对脏话习以为常。不然，孩子就会有样学样，他们也会很自然地在大庭广众下说脏话，父母面对这样的情景往往比较尴尬。

所以，家长要负起责任，在家里建立互相监督的制度，如果父母不小心在孩子面前说了不文明的词语，一定要勇于认错，以实际事例让孩子明白说脏话的错误性。

3. 平时可关注一些礼仪知识，并对孩子加以熏陶

家长如果在平时能够抽出时间关注一些基本的社交礼仪知识，然后传达给孩子，家庭教育就会更加有质量。社交礼仪包括见面和分开时如何正确地打招呼、握手，与人交谈时眼神、体态和表情的表达都要体现出对对方的尊重。长此以往，孩子自然就会有超然的气质和礼仪，不会沦落到骂脏话的地步了。

总之，要帮助孩子规避各种不良的行为习惯，因为这是有失礼仪的表现。孩子不懂得尊重他人，在人际交往之中就会产生许多摩擦，失去许多交往和表达的机会。

珍视友谊，收获人生宝贵财富

"找呀，找呀，找朋友，找到一个好朋友，敬个礼呀握握手，我们都是好朋友。"这首耳熟能详的儿歌在提示我们，每个人都需要朋友，花朵一般的孩子更是如此。在独生子女占大多数的家庭中，孩子其实非常孤独，非常需要友谊，朋友可以让孩子更懂得爱，也会让孩子间的交往更加顺利。

军军是个可爱的小男孩，很受老师和家长的喜爱，但他有个毛病，就是对其他小伙伴从来都漠不关心，甚至对别人的遭遇有过幸灾乐祸的表现。有一次，秀秀在跑步时不小心摔倒了，他甚至站在一旁哈哈大笑。老师和妈妈都表示不解，问他为什么不扶起秀秀。他竟然一脸淡漠和无辜地说："关我啥事儿？"这让妈妈感到事关重大，需要认真对待孩子的情绪问题了。

没过多久，军军的膝盖不小心摔破了，妈妈觉得这是教育孩子要有爱心的好机会，就故意轻描淡写地说："这是你自己的事，你最好自己去诊所上药。"军军不断地哀求妈妈："妈妈，我走不动，你背我去吧。"妈妈学着前不久他嘲笑秀秀的口气毫不心软地说："关我啥事儿？"军军想到自己曾经这样嘲笑秀秀，终于认识到了自己的不对，最后伤心地哭了……妈妈适时地教育他："当自己遇到难处，还不能得到别人的安慰和理解时，心里不好受吧？"军军眼里含着泪，使劲地点点头。

从此以后，军军逐渐变得懂事起来：班上哪个小朋友生病了，他会送去新买的玩具表示问候，还故意逗乐他们；见到有人欺负小朋友，他会主动站出来，义正词严地与其讲道理……慢慢地，他的善解人意和热心助人，让小伙伴感受到温馨和快乐，大家也都愿意和他交朋友了。

这里，军军的妈妈采取了正确的教育方式，让孩子以个人的切身体会真正意识到关心朋友是件多么重要的事。因此，孩子在日常生活中，对周围的事物比较淡漠的时候，父母一定不要大意，因为这表示孩子可能对外人也比较冷漠，需要父母及时介入，从而引导孩子走向良性交友之路。

很多孩子在家里基本过着以自我为中心的优越生活，这样的客观事实容易养成孩子做事只想着自己的习惯，便难免会给别人留下霸道、自私、任性的印象。

作为孩子的领路人，父母不要一味迁就孩子的要求，对于无理的要求也要坚决予以反驳和拒绝，父母要积极为孩子创造与人交往、结交朋友的条件，不能一味袒护，要让孩子经历风雨历练，培养他们与人合作的能力和意识。这样一来，就算孩子在将来遇到一些难题，也能自己凭借能力解决。现代社会中独生子女的比例较大，任性、脾气大是大多数独生子女的缺点，通过人际交往和注重同学间的友谊，能够改变和矫治这些不良的心理品质。

1. 如果孩子已经通过自己的努力交上了朋友，并且相处得还不错，那么父母要及时给予肯定和鼓励，可以通过话语激励他继续努力，如对孩子说："你有了自己的朋友，爸爸妈妈也为你感到高兴，听说你的朋友很不错，你们应该互相关心、互相帮助，成为难得的益友。"或者说："听说你交的朋友很出色，我很想见见他，哪天约来家里一起玩？"

2. 如果很不幸，孩子还没有朋友，家长应积极帮助孩子，首先让孩子不要着急，同时鼓励孩子积极参加附近孩子的游戏，和他们一起玩，或者与同事或同学的孩子一起玩，总之要主动出击。一旦孩子有了社交，父母要适时和孩子讨论他们交往的情况，帮助孩子分析、选择，同时总结成功经验，再接再厉。

3. 最好经常约孩子的朋友到家里来玩，从而增进友谊。家长可以将孩子的朋友约到家里做客，将他们当成自己的朋友一样对待，对他们报以热情的态度和欢迎的姿态。当孩子的朋友来家里时，父母要以主人的姿态热情欢迎："真高兴我家孩子有你们这样的朋友，你们能来太好了！快进来吧！"而且要鼓励孩子认真接待，让孩子的朋友感觉到一家人的热情以及对他们友谊的赏识。

4. 不可放任自流。对于孩子和朋友的交往，父母当然要持鼓励的态度，但也不能听之任之，这有可能使孩子陷入不良的交往圈。父母要时刻保持警惕，充分利用孩子喜欢交往的心理，因势利导，正确地引导和帮助他们建立纯真的友谊，避免孩子因为不能分辨好坏而陷入"坏孩子的圈子"。父母也必须得让孩子知道哪些"朋友"是不该交的。如果父母发现孩子的朋友并非踏实、诚实的孩子，应该及时告知孩子，并通知对方家长及时纠正。

友谊是每个人日常生活中不可或缺的组成部分，对孩子来说，结交朋友是天底下最自然不过的事情。但作为未成年人，孩子的辨别能力尚有欠缺，还需要父母的引导和帮助，父母作为孩子的领路人，一定要让孩子明白友谊是人生的一笔宝贵财富，并鼓励孩子扩展自己的交往圈，多交善友。

正确对待错误，道歉要诚心诚意

　　责任心是一个人的立世之根本，更是孩子健全人格的基础和身心健康发展的出发点。责任心并非与生俱来的，需要后天一点一滴地培养：由己及人，从小到大。从小范围的家庭到大集体的学校，这是必须遵守的客观规律。其中，家庭在培养孩子的责任心方面有着不可替代的重要作用。在培养孩子的责任心之前，作为督导员的父母一定要为自己的行为承担责任。

　　"修身、齐家、治国、平天下。"这是古人总结出来的一个人人生中理想的成功轨迹，修身是一切成功的基础。想想看，连自己都管理不好的人怎能让人相信可以承担得起家国责任呢？要教育孩子学会承担责任，父母首先要规范自己，同时严格要求孩子，让他们学会为自己的行为负责。例如，当孩子做错的时候，家长不能一味袒护，而要让孩子站出来道歉，并承担相应的后果，这样才能培养他们的责任心。因为孩子生来就是一张可任意挥毫泼墨的白纸，如果在小时候就能明白错误会带来一系列严重的后果，那么孩子就会对道歉特别在意。而且随着年龄的增长，他们会对道歉尤为重视，因为这能让紧张局面得以缓解、让内心的善充分表达出来，从而形成正能量的氛围，也能让孩子学会为错误道歉和买单，并形成积极乐观的人生态度。

当今社会，人与人之间的联系越来越紧密，每个人都生活在各种关系中，谁也不能超然物外，在交往过程中难免会与人产生摩擦和不愉快。一声"对不起"既体现了个人素质，又化解了矛盾、增进了感情，何乐而不为？很多伤害都是无意中造成的，学会道歉和愉快地接受道歉，是维系人际关系的一把金钥匙。

如果孩子已经推脱成性，一直没有为行为负责的态度和意识，那么父母首先要反思自己的教育方法，同时需要采取严厉的做法。打破温室，让孩子接受社会的锻炼，父母要勇于要求孩子为自己的行为承担相应责任，不要一味保护，因为这是变相伤害。

对孩子的教育永远不可能一蹴而就，父母要做好长期"斗争"的准备，也许父母需要经历一个漫长的过程才能让孩子明白：无论他的行为是有意还是无意的，只要对别人造成了伤害或影响，他都应该道歉并积极承担责任，这是作为一个人应有的素质。而一旦孩子能够发自肺腑地说出"对不起"，那么说明父母的教育方法起到了效果，而且孩子也掌握了一项在社会立足的技能。更重要的是，他同时学到了怎样去补救自己的过失，能够积极为自己的行为负责，并照顾到他人的情感体验，这也是教育的根本目的。

那么家长该怎样教育孩子学会道歉，并为自己的所作所为负责呢？

1. 承认错误，学会道歉

孩子没有养成道歉的习惯，可能是因为没有树立正确的是非观。他们不知道生活中对与错的界线，不明白为什么自己做错了，更不清楚如何改正错误。这一切都是父母的责任，父母应收起保护的双翼，让孩子栉风沐雨，不再当温室里的花朵。当然，过犹不及，家长不能对孩子动辄就责备，应耐心地告诉孩子为什么错了、错在哪里，帮助他一点点认识到自身的错误。如果孩子不敢认错，可能是害怕承担后果，父母应该做孩子的坚强后盾，给他一种安全感，告诉他每个人都有犯错误的时候，只要改了就是好孩子。

2. 有错必改，并且有错要及时改

当孩子做错事时，父母首先要观察孩子的反应，如果孩子自己意识到了错误，并进行道歉和改正，自然非常让人欣慰。如果孩子没有意识到错误，父母应及时给予教育并纠正。让孩子知道，做错了事并非世界末日，及时纠正错误也能获得对方的原谅。父母应避免使用粗暴的方式，不问青红皂白就是一顿批评甚至打骂，这样易导致孩子产生逆反心理，以后犯错时他们就会找理由推脱。对懂得道歉但又频繁犯错的孩子，父母不能只为孩子能道歉而欣慰，更要让孩子真正意识到错误，而不是沉浸在"犯错—道歉—再犯错—再道歉"的循环中，避免让孩子成为不愿承担责任的"老油条"。

3. 学会道歉的方法

（1）教会孩子主动道歉。孩子如果认识到了自己的错误，

就要提醒他主动道歉，这是勇于担当责任的表现。如果适当回报实用性的物品，如小玩具等，来表达自己的诚意，也不失为一个方法。

（2）灌输正确的认错态度和思想：让孩子明白，道歉并非耻辱，而是自我反思和真诚的表现。正所谓"金无足赤，人无完人"，道歉不仅不会影响一个人的形象，反而会成为一个不错的加分项，帮他获得普遍的欣赏和赞美。

（3）道歉一定要抱有十足的诚意，要表现出自己已深刻意识到自己的错误，且非常后悔做这样的事。这样一来是对自己错误的反思，二来也表示对对方的尊重，否则对方不会释然于怀，所以道歉一定要出于本心和诚意。

（4）道歉要端正态度，不卑不亢，做错事去道歉并非就低人一等，如果对方死缠烂打、拒不接受，也不要卑躬屈膝。因为，孩子想把错误纠正是值得尊敬的事，不必为求得原谅而丧失了自身的尊严。

（5）道歉要及时，不要拖延。要让孩子明白，应该道歉的时候绝不含糊、拖沓，越耽搁就越难启齿，甚至会引起更大的误会。有错就改没什么丢人的。要抓住时机，及时跟对方道歉，不要错过时机，让自己失去自我提升的机会。

总之，有错必改就是好孩子。同时，父母也要以身作则，给孩子树立好榜样，自己做错的时候更要抓住机会进行道歉，让孩子感受一下道歉带来的益处。让孩子对自己的行为负责，不能让孩子成为一个不敢承认错误的懦夫，以免造成其责任感的缺失。

　　为了锻炼孩子的社交能力，让其不至于在以后的生活中被"孤立"，父母可以经常带孩子与亲朋好友走动，或在家中举行聚会以增进他与他人的感情。

　　平时在家，家长可以分享孩子感兴趣的食物，让孩子尽快明白并非所有的东西都属于自己，要学会与人分享。

　　家长如果在平时能够抽出时间关注一些基本的社交礼仪知识，然后传达给孩子，家庭教育就会更加有质量。

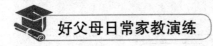

好父母日常家教演练

1. 你的孩子属于内向型还是外向型？你会鼓励孩子从小参加集体活动吗？

_____

_____

2. 如果你的孩子性格孤僻、不合群，你会采用哪些方法来帮助孩子融入集体？

_____

_____

3. 你一般会采用哪些方法来引导孩子懂得谦让、学会分享？

_____

_____

4. 在日常生活中，你能在孩子面前做到文明礼貌、不说脏话吗？

_____

_____

_____

5. 你会干涉孩子交朋友吗？你对孩子选择朋友有过指导和建议吗？

_____

_____

_____

第五章

促进男孩的友谊：
让孩子体会友情

拿到了想要的，还是高兴不起来

在游戏中，很多孩子都会与同伴争抢玩具，即便他手中有更好玩的玩具。

一天，幼儿园来了很多客人参观。老师们在游戏区摆了很多新的积木，要求中班孩子合作搭建大桥，以展现孩子们的团结合作精神。

活动开始了，孩子们纷纷脱了鞋子进入游戏区，开始用五彩缤纷的积木专心致志地搭建大桥。时间在孩子们忙碌的工作中飞逝，规定的时间很快就要到了，孩子们也陆续完成了自己的任务，有线条流畅的大桥，有气势磅礴的大桥，有色彩斑斓的大桥。当然，也有的效果欠佳，看上去过于简单，甚至有些摇摇欲坠。还有的正在加紧"建设"。老师为了鼓励孩子们，特别设置了奖项：完成任务的孩子将得到一份小礼物，由参观的客人发放。其中一位参观的客人还给一个未完成任务但不放弃搭建的孩子一份小礼物以表示鼓励。当大桥搭建结束后，孩子们接下来进行户外活动，大部分孩子带着小礼物兴高采烈地跑出门去参加活动。可是，那个没有完成大桥搭建却得到了礼物的孩子，迟迟不肯出门，手里攥着礼物，显得非常伤心……

尽管拿到了心仪已久的礼物，那个孩子却显得很伤心，这说明此时他已经有了羞愧心理——我并没有完成工作，却得到了不属于自己的奖励。羞愧感并不是天生的，随着年龄的增长，儿童的羞愧感伴随着个性和道德的发展而发展。

孩子的这种心理其实很早就会出现，父母不可忽视。研究发现，3岁的儿童已有了羞愧感，而且这种羞愧感尚未独立成形，与其他感觉相伴相生，需要父母仔细辨别。羞耻感往往与难为情、羞怯交织在一起。羞耻感开始并不是由于认识到自己有什么过失或失误才产生的，而是由于受到周围环境的刺激——来自父母的责备和提醒，孩子才明白自己的言行出现了错误。形象地说，孩子并没有直观感受到自己的错误，而是从"镜子"中才发现。也就是说，在这个年龄段，儿童的羞愧感全部显露在外部。比如，当背诵儿歌忘词时，他们就会脸红，会表现得不好意思。

孩子长大后，羞耻感已经成熟，并且不再需要环境的刺激，孩子能够自己认识到行为的不当，感到羞愧，而且羞耻感已经独立出来，与害怕和难为情已经有了明显区分。而且，年龄较小的孩子只会在家长、老师等成人面前出现羞愧表情。而年龄稍长后，孩子在同伴面前，特别是在比较亲密的同伴面前会感到羞愧，这表明孩子的羞耻感正逐步建立。随着年龄的增长，孩子的羞愧感范围在不断扩大，而且越来越"社会化"。同时，随着心智不断成熟，自控力也逐步提升，从而羞愧感外部表现的范围在缩小，对羞愧感的体验在加深。孩子还会记住多次产生某种情绪的条件，以后遇到类似的情境，便会努力予以克制这种可能使他再做错事的行为和动机，逐步形成固定的行为规范。

研究表明，孩子产生羞愧感，标志着其个性正在发生深刻的变化，当它成为个性中一种稳定的品质时，就会深深烙印其中，成为个性中稳定的特质。道德情感的发展是一个从外部行为的控制向内部控制转移的、不断内化的过程。有了这种羞愧感，儿童就有可能自觉地克制不良行为。但一定要注意，对待孩子的不良行为，父母和老师应该采取积极的态度和方式予以引导，而不是粗暴地责骂和呵斥。否则，由于过多指责引起的极度强烈的羞愧感，可能会束缚孩子情绪和性格的发展，导致形成不良的行为习惯，影响他们以后的发展。

还有一种隐形的伤害也要避免出现，那就是虽然父母对孩子的错误既不打也不骂，但在孩子看来，父母尖酸刻薄的话比打骂更让他们记忆深刻、难以忘记。有些父母最常说的话是："你不难为情吗？我都替你丢脸！我怎么有你这么个孩子！"如果孩子长期浸淫在父母轻蔑的眼神和嘲讽的语气中，他们从小就会从心理上排斥父母，对家庭生活心存阴影，总盼望着尽早"快快长大"，然后远走高飞，离开这个伤心的家和刻薄唠叨的父母。

越是如此，很多父母越是不清楚孩子内心深处的想法。父母虽然难免在教育孩子过程中有训斥和责骂孩子的情况，但一定要告诫自己有些话永远不要说出口，避免给孩子造成永远抹不去的心理伤害。

孩子间的友谊，父母不干预、不参与

同伴关系在儿童发展中具有成人无法替代的作用，也是影响孩子社会化的一个重要的外部因素，它对孩子的社会化发展有着独特作用和重要价值。孩子有权利决定自己跟哪位同伴交往，父母不应以自己的好恶替孩子做决定。

秋日的黄昏，金色的阳光洒在城市人民广场上，透着股暖意。欣欣和凯凯还有另外几个小朋友在广场上玩。欣欣的妈妈下班了，将手里拿着的一袋牛奶和一盒蛋糕递给欣欣。欣欣满脸幸福，微笑着抱着牛奶和蛋糕跑向凯凯，把牛奶递给了他。凯凯接过牛奶，高兴得乐开了花，嘴里大叫着："我好高兴啊！我喜欢欣欣的牛奶！"

欣欣和凯凯是一同进幼儿园的好朋友，他们平时就喜欢在一起玩，有时间总是黏在一起。按说牛奶只有一袋，而蛋糕有五六块。按照成年人的一般思维，首先会考虑打开蛋糕盒，分享给朋友一块，自己还能拥有牛奶和蛋糕，同时又兼顾了朋友，何乐而不为呢？可孩子的思维比较单纯，从来不掺杂那么多的想法，欣欣只知道自己的朋友凯凯最喜欢喝牛奶，所以当自己拥有牛奶时，就毫不犹豫地拿出来分享，体现了最单纯、最直接的友谊。孩子间的友谊往往最纯粹，欣欣很喜欢自己的好朋友，所以毫不犹豫地把牛奶送给对方，宁愿自己喝不到。欣欣的妈妈全程关注了这一幕，瞬间被孩子间纯洁的友谊感动了。

　　两个孩子情深义重，这样的事例不胜枚举。有一次，凯凯一家和欣欣一家在公园玩了一天，一起出公园门准备回家。凯凯舍不得和欣欣分开，便邀请欣欣到家里一起吃晚饭，欣欣也非常乐意。欣欣的父母觉得太晚了，就客气了一句："我们就不去了吧，太麻烦了。"又转头示意欣欣一起回家，不去凯凯家。凯凯的妈妈说不麻烦，难得孩子有一个这么投缘的伙伴。欣欣妈妈便说："那好吧，先得感谢凯凯的邀请，不过我们要先到楼下把钥匙给欣欣的奶奶送去，然后我带着欣欣一起去你家。"凯凯的妈妈说："好，我们先回家做准备，你们可一定要来！"

　　和欣欣一家分别后，凯凯的妈妈带着他准备上楼，凯凯突然拉住妈妈的手，说自己还是想在这里等欣欣。妈妈问凯凯为什么，凯凯说："我怕待会儿阿姨不带欣欣来，咱们还是在这儿等一下吧。"凯凯的妈妈恍然大悟，才知道这两个孩子之间的友谊非同寻常，是非常深厚的。凯凯的妈妈非常感动，后来告知欣欣的妈妈，双方父母都非常感动。孩子们如此重情谊，父母在感动的同时，也相互约定要小心呵护这份难得的感情。

　　两个小朋友你来我往，一起上学下学，友谊在不断地交往中深化。欣欣特别懂事，对凯凯平时也很照顾。凯凯上厕所，欣欣还帮忙给他拿卫生纸；凯凯到欣欣家玩，欣欣总是拿出最喜欢、最漂亮的拖鞋给凯凯穿。同样，欣欣对自己的好，凯凯都看在眼里，记在心上。每次欣欣对他热情相待时，凯凯都会高兴地说："爸爸妈妈你们快看呀，欣欣对我可好了呢！"听到凯凯夸自己，欣欣也非常高兴。

两个小伙伴只要见了面就黏在一起玩，离别时总是难舍难分。有一次周末，欣欣在凯凯家玩了一天，晚上该回家了，欣欣舍不得走。凯凯的妈妈就跟凯凯商量："要不咱们送欣欣回家吧。"凯凯一听高兴坏了。凯凯妈妈带着凯凯陪欣欣和欣欣爸爸一起下楼，向小区门口走去。半路上，欣欣跟爸爸撒娇要骑到爸爸脖子上，爸爸飞快地把欣欣抱起来放到了自己脖子上，欣欣乐得哈哈大笑起来。看到欣欣骑在他爸爸的脖子上，凯凯也非要有样学样，说要回家喊爸爸来。凯凯妈妈赶紧给凯凯爸爸打了电话，爸爸说马上下来。在等凯凯爸爸时，寒冷的天气让欣欣有些咳嗽。凯凯妈妈就跟凯凯商量，建议欣欣一家先回去，等爸爸下来再骑脖子一起散步。欣欣执意不肯，一定要和凯凯一起走。最终等到凯凯爸爸下来，两个小家伙各自骑着自己的"高头大马"，高高兴兴地往欣欣家走去。这次，凯凯的妈妈并没有强行让凯凯接受自己的意见，而是出于保护孩子童心的考虑，耐心等待凯凯爸爸下来，满足了孩子的需求。

其实，凯凯和欣欣两人也并非总是和平相处，也有发生矛盾的时候。有一次，凯凯外婆带着凯凯到欣欣家做客，凯凯看到欣欣的写字板非常喜欢，想用写字板画画，没想到一向大方的欣欣拒绝了。凯凯没想到会被拒绝，气呼呼地把写字板往桌子上一丢，拉起外婆的手说："外婆，我不要玩了，咱们回家！"外婆只好跟欣欣的父母道歉，领着凯凯回家了。回到家，凯凯还是没有消气。凯凯知道别人的东西一定要经过允许后才能动的道理，所以尽管凯凯非常想要拿着写字板玩，但欣欣不愿意，凯凯也没有强行拿着写字板去玩。但是凯凯无法理解这么好的朋友居然会拒绝自己，感情上一时间接受不了，觉得丢了面子。了解了来龙去脉后，妈妈首先对凯凯的心情表示理解，而后又对凯凯进行了劝导。听妈妈讲了道理后，凯凯的气很快就烟消云散了。第二天，两人又跟没事儿人一样玩在一起了。

除了欣欣，凯凯还有另外一个感情不错的好朋友晓晓。晓晓来家里玩时，凯凯表示出非常欢迎的态度；分别之时，两人则依依不舍。

等到凯凯长大一些后，父母感受到他在交友方面出现了明显变化，结交朋友的对象和方式有了明显的不同。小时候，通过分享食物和玩具，凯凯很快就能和所有碰到的孩子玩到一块儿。可慢慢地，凯凯交朋友渐渐有了选择性和倾向性，有了自己的取舍，不再像小时候一样和每一个孩子都能玩到一块儿。凯凯开始主动寻找有着共同兴趣爱好的孩子，然后一起做他们共同喜欢的事情，有了"物以类聚，人以群分"的概念。而那些没有相同兴趣爱好的孩子，他们就算待在一起也是各玩各的，沉浸在自己的世界。对此，凯凯的父母也没有强行要求他与所有的孩子都搞好关系，因为他们明白，孩子的精力毕竟有限，有选择性地做自己喜爱的事情，结交情投意合的朋友，也无可厚非。

孩子间这种有着共同兴趣点的友谊类似于成人间"志同道合"

的友谊，一旦形成便能持久。随着时间流逝，然然成了凯凯最亲密的朋友，他们两个逐渐形成共同的兴趣点和爱好，喜欢玩电子拼图、角色扮演的游戏，喜欢看书、画画等，两个好朋友一见面就拿出各自的好东西分享给对方。他们都非常珍惜对方。后来，凯凯家买了新房子，离原来的家比较远。两人一度以为要分开了，哭得稀里哗啦。然然还忧心忡忡地对妈妈说："妈妈，凯凯就要搬了，我舍不得和他分开！"直到双方父母约定，一定会定期相约会面，让孩子的友谊不轻易断开，孩子们这才破涕为笑。

在孩子成长过程中，与同龄伙伴的友谊对于孩子是非常重要的，父母无论多么周全的照顾也代替不了伙伴的陪伴，亲情代替不了友情。父母更不可以自己的经济地位、交友喜好将孩子的同伴分出三六九等，伤害孩子的感情，否则孩子就会没有朋友。孩子们的想法和视角是相通的，父母一定要为他们创造一切机会，不干涉孩子的选择，让孩子与伙伴交往，享受成长的快乐。

孩子之间发生冲突，父母如何正确对待

孩子与同伴玩耍、交流时难免会有冲突。孩子和同伴发生冲突时，父母应该冷静对待、客观观察，不要急于介入，要让孩子有充分的时间发挥自己的能力，尝试着自行解决矛盾，这也是锻炼他们处事能力的一种方式。父母要相信，孩子是有解决问题的潜力的，只要父母敢于放手，他们总是有让父母吃惊的表现。在对待孩子与同伴的冲突时，父母应该以培养孩子成长的能力为原则，即让孩子在和同伴的冲突中成长起来，父母只需要在必要的时候给予指导即可。

周周小朋友在小区游乐设施旁排队，奇奇走过来，二话不说把周周往后一推，站在了周周的前面。周周一开始并没有发火，而只是好奇，对奇奇说："是我先来的，你应该排队。"奇奇没理他，继续站在周周前面。周周也并不示弱，看奇奇没理他，就有些生气了，对奇奇大喊："我先来的，你，站到后面去！"说着，就要挤开奇奇。奇奇则用力推开了周周。周周见自己的正当权利被奇奇侵犯了，还被奇奇大力推开，有点手足无措，就跑向妈妈寻求帮助，他气愤地对妈妈说："是我先排队的，他不讲理，他插队，他是坏孩子！"

妈妈轻轻地安抚他说："妈妈看见了，是你先在那里排队的，你有排在前面的权利，那个小朋友可能没听清你的话，要不你再去和奇奇商量一下？"

就在此时，奇奇的妈妈见状，觉得奇奇无理取闹，就要把他拉出队列。周周的妈妈见状赶紧过去制止她，并说道："每次我家周周与小朋友发生冲突，我都不插手，尽量让他们自己处理。我想孩子都没有恶意，正好咱们都在，这是孩子们学习处理冲突的好机会。咱们能不能别插手，让他们自己处理？"奇奇妈妈听从了周周妈妈的建议，两人退到一边观察。

这时，玩具上的小朋友下来，轮到奇奇玩玩具了。周周可不乐意了，一边哭一边大喊："我先来的，应该让我先玩的！"周围的家长和小朋友都对周周的行为不理解，甚至指责他。周周撕心裂肺的哭声引来了不少人围观。大家都诧异地看着周周，其中一个小男孩说："他真是胡闹！"周周的妈妈觉得这句话可能会影响周周，便对小男孩说："他不是胡闹，是因为别人插队，他才哭的，你不了解情况请不要乱说。"小男孩没再吭声。很多认识周周的家长笑着对周周说："周周很棒的，怎么在这儿哭呀，快别哭了，好羞啊。"周周的妈妈不得不一遍遍和别的家长们解释周周为什么哭，并且安慰孩子："哭不要紧，有什么委屈可以哭出来，这一点儿都不羞。"

众人的围观似乎给周周带来不小的压力，周周拼命想压抑住想哭的情绪却控制不住，不安地在玩具旁跑来跑去。但他并没有再试着夺回先玩玩具的权利，也许是之前和奇奇较量过一次的失败经历，让他缺乏再次尝试的勇气。

奇奇妈妈赶紧去做奇奇的工作，说是周周先来的，就应该让周周先玩。奇奇哭闹着趴在玩具上，就是不肯让出来。两个人就这样僵持着。这时，旁边玩具上的小朋友下来了，那个小朋友的妈妈喊周周过去："小朋友，来玩这个吧。"周周不为所动，周周的妈妈向那个妈妈解释："我家孩子认死理，他不会去的，他认定就应该先玩这个玩具。"

周周的心中已经建立了"先来的先玩，后来的必须等待"的秩序，奇奇的行为打乱了这个秩序，并侵犯了自己的权利，这是周周生气的原因，以他的个性，当然不会退让到别的玩具上去玩。对他来说，玩玩具是其次，重要的是要捍卫这种已经建立起来的秩序。

不一会儿，奇奇妈妈不知用什么办法把奇奇拉离了玩具，在旁边等候周周。周周妈妈想把周周抱上玩具，谁知周周不肯上去，说要让奇奇先玩。这让大家十分不解："是你先来的，就应该你先玩啊，为什么要让给奇奇先玩呢？"

周周抽泣着说："既然要轮流玩，就让他先玩吧。"妈妈说："可是你还没有玩，应该是你先玩，再轮到奇奇呀。你是不是想把机会让给他？"周周点点头。妈妈有些纳闷，以周周的个性是不会这么谦让的，对于心中的秩序规则，他一直都是誓死捍卫，绝不让步。不过，也许是他觉得奇奇已经让出来了，他已经成功捍卫了心中的秩序，不必再争长短，所以才做出让步。所以，最后是周周让奇奇先玩，等奇奇下来，他再玩。

周周就是这样一个性格要强、坚持原则的孩子。有一次去另一个幼儿园参加亲子活动，内容是过独木桥，周周在独木桥上遇一个小男孩，两个人都无法过去。僵持当中，小男孩突然打了周周一巴掌。周周没有丝毫犹豫，也没有向老师和家长求救，而是毫不犹豫地还击了小男孩一拳，快得连扶着小男孩的妈妈都没有反应过来！小男孩妈妈怕矛盾升级便抱走了小男孩，而周周像什么事都没有发生过，继续朝独木桥对面走去。当时周周的妈妈看见了这一幕，觉得很欣慰：面对别人的攻击，周周没有哭泣，没有求助，而是毫不惧怕，勇敢还击。当然，一般父母并不主张孩子在面对攻击的时候一定要还击，当孩子的语言沟通能力发展到一定程度，父母应该倾向于让孩子用"沟通"来解决和同伴之间的冲突。但是，当孩子的心智水平尚未达到一定程度的时候，孩子被对方攻击之后当然有还击的权利，这样他才能保护自己。

周周在上幼儿园之前，解决冲突的方式以抢夺、还击、哭闹和求助为主，还不会去和小伙伴沟通、协商，这是因为缺少解决冲突的机会。面对孩子间的冲突，只要没动手打起来，父母是不必插手的，可往往双方家长不等"矛盾"激化，就强行拉走了自己的孩子。

家长们不希望孩子和同伴发生冲突，觉得发生冲突不是件好事，担心孩子打到别人，也担心自家孩子受欺负。不少家长由于爱子心切、护子心切，会在不知不觉中把孩子间的冲突想象得过于严重，认为会对孩子造成很大的伤害，看到自己孩子和同伴发生冲突就会挺身而出。然而，这样会让孩子变得脆弱、易受伤害。其实，孩子间的冲突都是很单纯的，不是什么"深仇大恨"，孩子也远没有我们想象得那么脆弱，那么容易受伤害。有时孩子被别的孩子打了，孩子自己并不觉得有什么，一下子就又玩到一块儿去了，把挨打一事忘到了九霄云外。反而是家长觉得委屈、吃亏、心疼，憋在心里很久都不舒服。

家长过早干预孩子间的冲突，就剥夺了孩子和同伴沟通协调、解决冲突的机会，孩子没有机会学习如何解决和同伴之间的矛盾，怎知如何与他人友好相处。如果不经历一次次的冲突，孩子怎么能学会沟通呢？

对于大多数的冲突，孩子是有能力解决的，父母要相信孩子。有一次，周周和乐乐在草地上玩"老师和学生"的讲课游戏，两人都争着当老师，双方家长都没有吭声，而是细心观察他们怎么处理。没过一会儿，周周和乐乐开始商量："乐乐，要不你先当老师，然后再轮到我当老师吧？"乐乐想了一下说："还是你先当老师，我当学生吧。"两人一谦让，一商量，问题就解决了。

还有一次，思思来家里玩，周周拿出幼儿教具和思思一起操作，可思思从未见过这套工具，不知道怎样操作，还拿走了周周的一块三角形。周周让思思还给他，思思怎么也不愿意，最后周周不知道怎么办就哭了，只见他边抽泣边说："我不要思思这个好朋友了。"思思也不示弱："哼，不让我玩，我就要把你丢到垃圾桶里去！"两分钟后，周周似乎想通了，拿了一块三角形给思思（主动和解）。思思小声说："谢谢周周，对不起！"真是"礼尚往来"呀！

对于个性很强的孩子和个性很不明显的孩子，不能一视同仁，引导方式和侧重点要有所不同。对强悍的孩子，要侧重引导他注意友好和谦让；对温顺、柔弱的孩子，要侧重引导他懂得守规则、不畏强大。

有家长问："我的孩子性格比较柔弱，是不是也要他独自面对冲突？还是我去'主持公道'？"其实，对于柔弱的孩子来说，家长更要注重锻炼他应对冲突的能力。否则，家长越是在孩子一遭遇冲突就冲过去保护，孩子就越依赖家长的保护，从而丧失自我保护的能力。当然，在孩子遭遇冲突时，家长也不能直接生硬地让他自己解决，撒手不管，这样会让他觉得非常孤立和无助。正确的方法是，家长在一旁暗中观察双方动静，一旦出现不平衡状态，再出手也不迟。

晓晓原来就是这种懦弱的孩子，与其他小孩发生矛盾、冲突时，习惯性地找大人解决问题；被小朋友欺负了，他觉得委屈，但也只会眼巴巴地望着大人，而不会去"欺负"回来；任何人打了他，他都不会还手。

父母也给予他最大限度的自由，强调规则的重要性，努力让他懂得：规则第一，任何人都必须遵守规则；只要在规则允许的范围内，就不必过度谦让，可以心安理得地享受自己的权利；和同伴发生冲突时，千万不要先动手攻击同伴，但是如果被同伴攻击，他有还击的权利。遇到别人侵犯孩子"权益"的时候，父母鼓励晓晓勇敢地说出自己的想法，自己解决和小伙伴的冲突。经过几个月的努力，晓晓的内心慢慢强大起来，从最初的犹豫不决到后来的理直气壮，掌握规则后的他不再被别人左右，玩具被抢一定会夺回来。别人欺负他时，他会抓住别人的手阻止对方继续攻击，并且"警告"对方："你再打我的话，别怪我不客气啦。"

有的家长见孩子被欺负而不还击就焦虑不安，数落孩子："你怎么这么老实，你怎么不打回去，笨啊你！"这样会让孩子产生深深的挫败感，觉得自己没用，导致他更加懦弱。对于弱势的孩子，做父母的应耐心等待他鼓起勇气去解决和同伴的冲突，不能操之过急。父母要做的是不断和孩子强调规则，要让他在内心建立这样一种意识：只要遵守了规则，就不必向任何人妥协，不管对方是多么强大。

周周上幼儿园前遇到别人"侵权"会权衡一下，如果对方块头高大，他寻思着自己"斗不过"时会寻求好朋友的帮助。

一次，周周坐在篮球场的石凳上，一个块头比他大的孩子把他挤开了，周周很生气，对那孩子说："这个凳子是我先坐的，你不能挤我。"那孩子挑衅地看着周周，一脸轻蔑，不理他，仍然坐在那儿。周周转头把好朋友思思找了过来，思思大声对那孩子说："这里是周周先坐的，你不能挤开他！"两个小朋友的力量大呀，那个孩子双拳难敌四手，不得不让开了。

孩子的世界就是这样，如果成人干涉得少，他们自然会有自己的处理方式，渐渐寻找到问题的最佳解决办法。对于弱势的孩子，最好的教育就是放手，千万不要保护过度。而在孩子遭受委屈、被人"欺负"的时候，父母要做孩子坚强的后盾，接纳孩子的委屈、害怕，但父母的表情一定要轻松，不要觉得受伤害或心疼，这样会让孩子觉得这是件多么大的事情。

孩子之间推一把、打一下，大多是没有多少恶意的，当然也有少数孩子以大欺小、以强欺弱、霸道蛮横。遇到那些"少数孩子"时，我们要给孩子打气，要鼓励他勇敢地维护自己的"权益"。如果由于实力悬殊，在孩子经过努力之后实在无法解决时，家长要站出来维护，给予孩子最强有力的支持，让孩子感觉他不是孤立无援的，爸爸妈妈是他最坚强的后盾。

归根结底，家长要做的是让孩子懂得规则，也就是明理，明白规则最大。如果家长能适当放手，让孩子心中有规则，孩子便知道自己该怎么做了。

多动症该咋办，是不是无可救药了

儿童多动症是一种常见的儿童行为异常疾病，症状多表现为注意力涣散、活动过多、冲动任性、自控能力差等，并有不同程度的学习能力差等表现，但一般来说，智力并不受其影响或只受很小的影响。

涛涛是个乖孩子，可是小姨家的表弟常常惹是生非，让人大伤脑筋。幼儿园的老师几乎每周都要向小姨"告状"：涛涛的表弟上课大吵大闹、开小差，学习成绩很差，下课后更是一刻也安静不下来，在走廊上横冲直撞，弄得班级里一团糟。前两天，他还把一个女同学撞倒在地，造成轻微的脚踝扭伤。其实，这还是在外的表现，在家里，表弟更是"无法无天"、行为乖戾，打碎花瓶、打翻锅碗瓢盆是常事，连看电视也没法安静下来，从来不能耐下心来看完一个节目。总之，在大家眼里，表弟就是个精力旺盛的捣蛋鬼，一刻也停不下来，让人头疼不已。

就因为表弟，小姨和姨夫不知想了多少办法，甚至求助邻居、朋友，但就是没有找到有效的方法。更让人担忧的是，面对老师的教育、父母的训斥，表弟依然我行我素，从未有一丁点儿的改变。似乎大人是在批评别人，跟自己无关，转眼就忘到了九霄云外，依然如故。"真是不可救药！"姨夫、姨妈在历经精疲力竭、徒劳无功的努力后，给表弟"定了性"。那么，涛涛的表弟真的是不可救药的坏孩子吗？

非也。其实，他不是一个"坏孩子"，而是一个"病孩子"。他得的病就是儿童多动症，家长不但不应该责骂他，反而应以更加耐心的态度、更加细心的照顾给予他更多的温暖，以期能够在一段时间的治疗后慢慢帮助他走上正常轨道，健康成长。

活泼好动是每个儿童的天性，也是儿童可爱的特质。但是日常生活中，有些孩子不是简单地活泼好动，而是不听家长的劝阻，不分时间、不分地点地乱动乱跑，这些举动与活泼好动往往掺杂在一起，让许多家长无法辨别，以为孩子只是比别的孩子更加调皮、淘气。殊不知，孩子是患上了儿童多动症。多动症一般在学龄前就会出现，但小学三年级左右是儿童多动症的症状最突出的时期，男孩患病比例高于女孩。患上多动症的孩子主要有以下表现，父母要倾注更多的精力予以发现和辨别，以尽早治疗。

1. 过度兴奋，活动过多

这是多动症儿童的主要特征之一。这种现象在婴儿期就有所表现：好动，无法安静，爱哭，常常无故兴奋尖叫，爱翻能看得见的东西。上学后就表现得更加突出，不分场合地过度好动，不仅自己不好好学习，还常常到处影响其他同学的学习，晚上睡觉也晚，还睡得不安稳。

2.注意力无法集中

这是多动症孩子常见的另一个主要症状。与正常儿童相比，他们的注意力显得不集中、不稳定，很容易受到外界刺激的干扰而分散注意力，做事常常虎头蛇尾，兴趣点更是随着外界诱因的变化而变化。

3.情绪不稳、容易冲动

多动症孩子的自控力也很差，明显低于正常发育的儿童，经常是"做事不经大脑"，先行动后思考，做事从不考虑后果，或者是以其心智水平无法料及后果；做事缺乏条理性；易激怒，爱发脾气，性格偏强；心理承受能力差，常为一些小事而大吵大闹；易冲动，无论对错总是不服约束，有时甚至会突然做出一些危险举动，有伤害他人或者自伤的不良倾向。

4.行为乖戾、适应能力差

大部分患有多动症的儿童都喜欢跟人抬杠顶嘴，跟其他小朋友打架，甚至横行霸道、恃强凌弱。此外，还表现为纪律性差，更有甚者还会出现撒谎、偷窃、离家出走等极端行为。

多动症并不等同于平常的好动。多动症儿童的活动常常杂乱无章、毫无目的，而好动儿童的活动则是有目的的、有序的、可控的。多动症的孩子在日常活动中都会表现出多动、注意力不集中，而好动的儿童则只是在某些活动场所或场合下短暂地表现出兴奋。多动症儿童的多动不分场合，一些举动甚至难以让人理解，而好动的儿童即使特别淘气，其举动也都在正常的行为范畴内，没有达到让人反感和惊讶的地步。多动症儿童不可能专注于某一项活动，没有什么活动内容能使他们静下心来，而好动儿童对他们感兴趣的活动则能静下心来投入进去。总之，多动症儿童的兴奋点不会持续很长时间，而好动儿童的兴奋点则具有持续性。

那么，家中有多动倾向的孩子，父母是不是就拿他们没有办法了呢？父母应该怎么办呢？

对父母来说，要正视现实，接受孩子的现状，内心不可急躁、激动，而要以平常心对待，坚信孩子能够拥有正常的人生、光明的未来。父母要给孩子更多的关心、耐心和爱心，最好带孩子去医院进行心理咨询和检查，听听医生的分析。倘若孩子确实患有多动症，甚至已经影响学习成绩或导致一些严重的行为异常，应该按医嘱坚持治疗，包括药物和心理行为治疗。积极配合治疗方案，争取尽早帮助孩子摆脱困扰，走上身心健康发展的道路。切忌有病乱投医、滥用药。父母不妨尝试一下以下的方法：

首先，运用认知行为矫正，帮助孩子培养自我控制的能力，培养集中注意力、完成学习任务的能力。父母可考虑给孩子布置一项具体的作业，然后用指导语言帮助他，即让他边说指导语边做作业，如："现在我要用纸做一个简单的微型纸篓，先要折出一个正方形的纸，然后通过简单的对折和反折，最后对折成型。"家长先给孩子做示范，然后让孩子自己去做，这样有助于引导孩子集中注意力，较快地进入自己兴趣的范畴，从而完成作业。总之要牢记一点，在孩子尚未形成自我控制的能力之前，家长一定要在一旁指导和督促，不可放任，否则无法达到目的。

其次，建立奖惩制度，激励孩子自我纠正，减少他的过多活动和不良行为。建立符合孩子自身需求的训练程序后，父母就要监督孩子一步步去完成，每做到一点就给予鼓励或奖励。这是个不错的激励措施，使其每一点良好的行为都被强化，而不是枯燥无味的自我暗示，自我暗示对低龄的孩子是不奏效的。比如，与孩子约定好，如果他能在上课期间做的小动作越来越少，能安静听讲、认真完成作业等，就对他予以表扬，奖励一朵小红花。反之，若继续不改正，甚至出现新的不良行为，如乱跑、喊叫、打闹等，则坚决予以处罚，罚去一朵小红花。孩子在不断进步中累积到一定数量的小红花，父母即可满足他的一个要求，如买他想要的玩具或到公园去玩等。运用这种及时奖惩的办法进行训练，可以使孩子减少不良行为，增加良好的适应性行为，不失为一个很好的办法。

最后，让孩子参与更多的社会活动，比如增加一些户外活动、身体运动，多参加打球、跑步、滑板及各种需要身体各部分协调活动的游戏。一方面给精力旺盛的孩子提供释放的途径；另一方面，这些活动能够促进孩子的身心发展，可锻炼他的动作协调能力，促进其脑功能全面发展，尤其是促进额叶发育，增强其自我控制行为的能力，也是非常行之有效的积极措施。

另外，家长要注意，如果孩子的多动不属病态，则更要加强对孩子的教育，以保证孩子有规律地生活，让孩子拥有融洽的家庭氛围，让他适度参加社交活动并避免精神紧张与创伤。对孩子以表扬为主，鼓励他做一个好孩子。

坚持原则，不可无原则谦让

在现实生活中，大家共同在一个集体中活动、生活，难免会有矛盾发生。那么，遇到矛盾时，我们应该怎么解决呢？也许让一步、用微笑面对他人，就可以化解不愉快。谦让是孩子和他人相处时必不可少的一种美德，懂得谦让的孩子往往懂得分享，能和同伴更和睦地相处，从而深受同伴欢迎，很快融入集体生活，并在其中游刃有余。但是在生活中，不少父母误解了谦让的含义，没有掌握谦让的应用范围，喜欢无原则地要自家孩子退让，甚至明明知道不应该要自己的孩子退让，但是碍于面子，仍然强行按照个人意愿让孩子接受不公的结果，好像不叫自己的孩子退让就说不过去。其实，这就是害了孩子。

许多父母都喜欢让自家孩子无原则地谦让，理由五花八门，其根源却殊途同归，父母个人的私心太重，说白了就是为了大人的所谓"面子"，让孩子承担不该承担的后果。比如："你大一些，要让着弟弟妹妹。""小朋友哭了，你让出来吧！""小朋友是客人，你是主人，你该让着他。"这些荒唐的理由会严重误导孩子：年龄小有获得更多资源的优势——下次遇到比我大的，我也这样撒泼打滚，这样人家也应该让着我；别人哭了就要让，下次我也哭，哭是获取资源的大杀器，哭就可以得到想要的；是客人就要让——谁还不走个亲戚？！下次我到叔叔阿姨家做客，我也可以为所欲为啦！这些当然不是父母愿意看到的，可父母的做法却让孩子自然形成了这样的思维。所以，父母要求孩子忍让的理由经不起半点推敲。到了孩子越来越不讲理的时候，父母又开始埋怨孩子成了一个"不讲道理"的小魔王。殊不知，这些都是父母自己种下的恶果。

父母无原则地教育孩子谦让，带给孩子的感受是"委屈"和"不公"，让他们觉得自己丝毫没有改变现实的能力，进而产生无尽的无力感。

谦让是一种美德不假，但这一切都要建立在公平、自愿的基础上，不要轻易教孩子无原则地谦让。教育孩子谦让的前提是对方遵守规则，无关乎年龄和强弱，更和大人的面子毫不相干。许多父母在教育孩子养成美德的时候，往往忽略了孩子的内心秩序规则。这是因为他们不能站在孩子的角度去考虑孩子所面对的问题，随意介入冲突充当"糊涂判官"。所以，父母要尽早认识到这种做法的危害性，秉持公平、公正的原则处理，让孩子自幼就建立公平、公正的人生法则，健康成长。

孩子就是孩子，不是"小大人"

如今，许多孩子被迫生活在成人世界中，过着"小大人"一样的生活。

其实，每个个体在不同阶段有不同的发展任务，父母需要根据孩子的身心特点进行引导，如果父母对孩子的期望值过高，会让孩子深感"压力山大"，小小身躯里装着满满的成年人思维，孩子就会学会察言观色，压抑自我的真实需求，去迎合周围人的需要，甚至降低自我需求以讨好他人，成为"小大人"。如果做不好、做不到，就会自责，觉得自己不够好，就容易产生挫败感、无价值感。这样的情绪会影响孩子的行为表现，长大后变得死要面子，总是凡事硬撑，不甘示弱，活得非常辛苦、心累。不仅如此，他们在人际交往方面也往往容易陷入迷茫，面临种种问题。

以上种种都告诉我们，不要逼着孩子成为"小大人"，如果孩子有这样的趋势，父母要先自我反省，是否过于强调让孩子懂事体贴，有没有把负面情绪过多地释放给孩子，让孩子为家庭付出过多，心理上过早地承担不属于自己的压力，或者因为自己难以调节孩子的各类情绪，而粗暴地不允许他哭闹，让孩子在出现生气、委屈等情绪时强行憋住，负面情绪得不到释放……这些都不利于孩子的心理发展。

情绪是一股自然流动的能量，父母在引导孩子发展时，要允许各类情绪的出现。如果父母需要建立规则，只需温柔地坚持即可，打骂、吓唬只会带来负面影响。

旦旦7岁了，是个人见人爱的小男孩。初次见面的人都觉得他能说会道，无论见到什么人，都能很大方地和人家打招呼，是个"自来熟"的孩子。另外，旦旦从小就比同龄孩子显得突出和优秀，刷牙、洗脸、吃饭、穿衣做得都很到位，从不让爸爸妈妈操心。

但是，旦旦不快乐。当一人独处时，他总是默默地发呆，有时候还会略显忧伤。但是爸爸妈妈询问的时候，旦旦却会扬起一张天真的笑脸，迅速进入角色，还能跟爸爸妈妈闲聊，就像邻居大叔一样的口吻。在父母眼中已经如此优秀了，为什么旦旦还是不高兴呢？为什么旦旦不能像别的孩子一样扑入父母的怀抱尽情倾诉，对爸爸妈妈说出自己的烦恼呢？

一个正常发育的孩子一般在2～6岁时，就有了自我意识的第一次觉醒。所以，很多这个时期的孩子不像原来那样"唯家长之命是从"了。他们很想摆脱爸爸妈妈的控制和限制，但是因为日常生活仍需仰仗父母，他们又不愿意失去父母的爱护，所以此时的孩子虽然纠结，但以无所适从、无法挣脱家长控制的感受居多。

不过凡事都有例外，虽然旦旦已经到了 7 岁，但是从他的身上很少能看到应有的"反叛期"，因为他已经被父母"强行打造"成一个彬彬有礼、符合成人审美的"小绅士"形象，成为一个以满足父母愿望为目的的孩子。当然，旦旦自己也可从中获得满足个人愿望的东西。但是，儿童的内在发展还是使得他觉得不快乐，所以他才会偶尔发呆，为了掩饰，只能长期压抑自己的真实想法，心理无法健康发展。可以说，旦旦表现出来的优秀是以牺牲自己的天性为代价的，而他真正需要的并不是改变自己、适应他人，而是成为一个孩子应有的模样，可以穿上自己喜欢的衣服，像个孩子那样在大人面前"撒欢"，而不会受到爸爸妈妈的"教育"。然而，一切都已经不是应有的样子，这是一个让人扼腕叹息的失败案例。

然而，对于许多家长而言，旦旦的教育是成功的。其实，这只是站在父母的立场考虑问题，是脱离孩子实际需求的一厢情愿。实际上，孩子以这种模式发展，并不会因此而感激父母，恰恰相反，反目成仇的概率更大。

孩子就是孩子，让孩子被催熟为一个"小大人"，过早地走进成人的世界，只能让孩子陷入痛苦，失去童真。

早熟对儿童的健康成长极为不利，失去了天真烂漫的性格，缩短了幼年的快乐时期，会对一个人的性格形成造成极大影响，极大概率会形成偏执性格。此外，即使是孩子先天表现成熟，家长也要负起责任来，尽力将孩子拉回他应在的轨道。因为这些孩子虽然言行上是早熟的"小大人"，但实际上心智并不成熟。外在的成熟只是他们刻意模仿得来的，而长期模仿"小大人"，就会使其内心真实的自我得不到健康发展，在成年后反而无法独立思考和独立生活。

当然，现在很多孩子之所以显得早熟，也跟社会的快速发展密不可分。网络的扁平化发展、对别人的赞赏过于看重……都让孩子过早地长大。另外，真正适合孩子的动画片、电视节目或书籍也在逐渐变少，取而代之的是高度成人化的影视、网络游戏等的泛滥。长期浸淫在这样的环境中，孩子"耳濡目染"后难免会刻意模仿，逐渐被时代催熟。也正因如此，让孩子成为孩子的教育理念更显弥足珍贵，值得推崇。那么，如何从理念走向实践呢？

1. 不要鼓励孩子过早成熟的表现

鼓励教育的确有很好的作用，但是好手段用在不好的事物上，并不会起到好的效果。所以，当孩子偶尔模仿大人的"成熟"时，不要鼓励。

2. 让孩子回归同龄人，不揠苗助长

我们常说，父母要做孩子的朋友。但千万不要误解，其实，大人可以与孩子平等交流，但每个时代有每个时代的特色，每一代人有每一代人特有的烙印，成年人并不适合当儿童的玩伴。现在很多孩子都是独生子女，所以要避免孩子长期被爸爸妈妈、爷爷奶奶包围，否则时间久了，可不就成了"小大人"？父母要让孩子走出去，和社区的小朋友一起玩。孩子与孩子在一起才有共

同语言，那些"成人化"的东西自然就会消失。

3. 让孩子少接触成人的文化和娱乐项目

许多父母喜欢抱着孩子看自己喜欢的电视节目，还有颇具代表性的是带孩子打麻将，这些都是不可取的，因为小孩子通过一些成人节目过早懂得一些人情世故，不利于其健康成长。父母要担负起教育孩子的责任，尽量陪孩子一起看合适的动画片，比如《狮子王》《小王子》等，这些都是非常经典的影片。

同龄人才是孩子最好的朋友

　　齐齐刚上幼儿园，是个活泼调皮的孩子，可是这天妈妈发现，齐齐从幼儿园回来后一声不响，问他也不说话。好说歹说哄了半天，齐齐才红着眼睛说小朋友不喜欢他。妈妈还没问明白怎么回事呢，幼儿园老师的电话就打来了。老师说，今天给班上的小朋友们分组做手工，有三个小朋友不愿意和齐齐一组，这说明齐齐的同伴交往能力还需要培养。齐齐的妈妈有点纳闷，孩子也需要培养交往能力吗？

　　儿童的同伴交往是指在各种因素的作用下，在集体中所形成的一种独立、平等、自愿、互助的友好关系。同伴交往所形成的同伴关系与同伴经验，有利于促进儿童的身心健康发展，是儿童社会性发展的一种需要，是儿童社会化的重要途径。

　　研究发现，婴儿在半岁之前会互相接触、互相注视，一个婴儿哭，另一个婴儿会以哭来回应，但这些都不是真正的交往反应，因为婴儿并不期待从另一个婴儿那里得到反应。婴儿半岁后才开始出现真正意义上的同伴交往行为。

婴儿的早期同伴交往可划分为三个阶段：首先是以客体为中心阶段，婴儿的交往更多地集中在物品上，而不是别的婴儿身上，大部分是单方面社交行为，一个婴儿的行为并不能引起另一个婴儿的反应；其次是简单交往阶段，婴儿之间有了直接的相互影响、接触，婴儿已经能对同伴的行为做出反应，经常企图去控制另一个婴儿的行为；再次是互补性交往阶段，出现了更多更复杂的社交行为，婴儿彼此之间的相互模仿已经较为普遍，婴儿同伴间的行为趋于互补，如你追我逃、共同进行一个游戏等，婴儿能积极地进行交往，还经常伴随有语言、情绪等反应。

影响儿童同伴交往的因素主要有自身因素和环境因素两个方面。

自身因素指儿童的认知能力、性格特征、兴趣取向等，如愿意分享、友好、外向的儿童更受小伙伴的欢迎。由于儿童自身因素影响，使他们形成了不同类型的交往模式，大致分为四种：专一型、受欢迎型、攻击型、忽略型。专一型儿童倾向于和固定的小伙伴玩；受欢迎型儿童多半性格外向，常常乐于接受同伴的请求或共同游戏的邀请；攻击型儿童性格暴躁，常见表现为喜欢骂人、打人，对别人的行为活动进行破坏；忽略型儿童胆小、怯生，不愿参加小伙伴的游戏或活动。攻击型和忽略型儿童就是不善于和别人交往或交往手段不恰当的孩子。

环境因素指成人的指导和玩具游戏等，如成人为孩子准备适合一起玩的玩具或游戏，将有助于孩子同伴交往能力的发展。

父母可以从以下几方面入手，帮助孩子培养交往能力，促进其社会性的发展。

提供良好的家庭环境。父母应该创造宽松、和谐、亲密的家庭关系，让孩子充分体验到爱和被爱的感觉，以积极的培养环境造就孩子健康积极的心理，这是迈向成功交往的第一步。

以身作则，做孩子的学习榜样。父母待人接物的方式是孩子学习人际交往的最直接对象，父母积极的交往态度必定会对孩子产生积极的影响，因此，父母在与邻居、亲友、同事相处中要相互尊重、相互帮助、相互宽容，让孩子在潜移默化中学会与人交往。

创造更多的交往机会。父母可以经常让孩子把小伙伴邀请到家里来玩，或去别的小朋友家里做客，给孩子创造与同龄伙伴交往的机会，指导孩子进行共同游戏，或与孩子一起游戏，如老鹰抓小鸡等，在游戏中培养孩子的同伴交往能力。

生活就是游戏，让孩子在游戏中感受社会

　　游戏占据了孩子生活中的很大一部分。游戏是孩子最基本的活动，它是想象和现实生活的独特结合，是人的社会活动的初级形式。但是，游戏并不是孩子的本能活动。在动作和语言发展后，孩子渴望参加社会实践活动但又缺乏相关经验和能力，在这种情况下，游戏就成了孩子参加社会实践的一种方式，这是孩子的一种社会性需要。

　　孩子的游戏内容通常来自周围的现实生活，例如"过家家""开汽车"等，都是现实生活的反映，都是孩子在社会中经历过的。同时，孩子的游戏不是原原本本地照搬生活，而是孩子根据自己对生活的理解，加入了自己对生活的愿望，将现实生活内容进行重新组合后的创造性活动。

　　游戏在孩子社会能力的发展中起着十分重要的作用，孩子可以在游戏中按照自己的意愿去扮演任何角色，并从中体会到各种思想和情感。孩子还可以通过游戏学会如何在集体里发挥自己的

作用，如何与别的孩子合作得更好。另外，游戏在发展孩子的自我控制能力和改造孩子的问题行为方面，也起着重要作用。

如果想让孩子有更多的情感体验，父母应该抽出更多的时间来陪孩子一起玩游戏。父母可以在家中设置一些特殊的"游戏角落"。游戏中的玩具不需要多么精巧、多么高科技，家里的很多东西都可以"变废为宝"，如大纸箱、旧布、坏掉的门把手等，都可以变成孩子的宝贝。纸箱可以变成郊外的小房子；旧布可以变成云彩或者巫婆的斗篷；门把手可以变喇叭、假鼻子……在玩的过程中，不但孩子的动手能力可以得到提高，他对情感的理解也会更加深刻丰富。

很多父母总是带着孩子到户外去与其他的小朋友一起玩耍。虽然户外活动对孩子来说是必不可少的，但是面对大自然的诱惑，很多孩子并不买账，这是怎么回事呢？

其实，孩子的玩乐没有大人那么强的目的性，他们关注的只是玩的过程，能够体验快乐情绪对他们来说已经足够了。玩具是孩子幻想中的玩伴，无生命的玩具在他们看来和真实的小朋友并没有区别。4～5岁时，玩具依然是孩子无伙伴时的假想伙伴，过了特定的时间，他就会跨过以独自玩耍为主的阶段。

妈妈们经常可以看到孩子一边自言自语一边摆放玩具，或者指挥打仗，或者和小动物对话，孩子不是单纯地在玩，他是在"演练"将来如何与人交往。在家玩玩具和外出找小伙伴玩，这两者之间不是对立的关系，无论孩子选择哪种游戏方式，父母都应该支持，不要厚此薄彼。

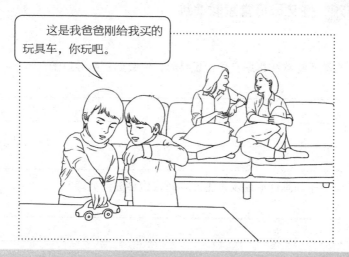

在孩子的成长过程中，与同龄伙伴的友谊对于孩子是非常重要的，父母一定要为他们创造一切机会，不干涉孩子的选择，让孩子与伙伴交往，享受成长的快乐。

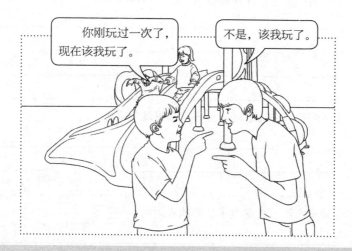

孩子和同伴发生冲突时，父母应该冷静对待、客观观察，不要急于介入，要让孩子有充分的时间发挥自己的能力，尝试着自行解决矛盾，这也是锻炼他们处事能力的一种方式。

好父母日常家教演练

1. 当孩子喜欢和小朋友争抢玩具时，你会如何引导孩子？

_____

_____

_____

2. 当孩子与其他小朋友发生冲突时，你会如何处理？

_____

_____

_____

3. 在日常生活中，你会如何消除孩子的孤独感？

_____

_____

_____

4. 孩子的自控力比较差、过于活泼好动怎么办？

_____

_____

_____

5. 你会赞许孩子显得过早成熟的表现吗？

_____

_____

第六章

调适男孩的心理：

帮孩子突破社交障碍

缄默症：沉默不语

　　小牧从小就胆小怕生，父母带他出去，若碰到了熟人，他就会躲在父母身后，问他话也不回答。妈妈以为可能是孩子个性胆小、害羞所致，以后长大就好了，也没有重视。谁知道，小牧上学后情况就更严重了，不但不喜欢和别的小朋友一起玩，老师点到他回答问题时，他也不说话，要不就是用点头或摇头来回答。老师将情况跟妈妈讲后，妈妈很奇怪，小牧在家和邻居的小伙伴也玩得很开心，除了胆小一点，也没有什么不正常的呀。

　　其实，这是儿童缄默症的表现。

　　儿童缄默症是指儿童智力发育正常，言语器官无器质性损害，但不愿用语言表达自己的意见或回答问题，取而代之以书写或手势来与人交流，表现出顽固的沉默不语。

　　缄默症患儿并不是不能说话，他们有正常的语言理解能力和表达能力，只是心理作用导致他们不愿意说话，其实质是一种社交功能性障碍。

166

根据儿童在不同环境中的表现，缄默症可以分为全面性缄默和选择性缄默两种类型。前一种类型的儿童在任何场合中都不喜欢说话，或者是拒绝说话；后一种类型的儿童在已获得了语言能力后，因为心理或精神因素，在某些场合中始终保持沉默不语，缄默状态对环境和对象具有高度的选择性。

　　选择性缄默症多在儿童 3 ～ 5 岁的时候发病，在胆小、害羞、孤僻的儿童身上多见，女孩发病率高于男孩。大多数患儿在陌生环境中表现为沉默不语，长时间一言不发，但是在家里或是熟悉的人如父母、亲人、某些小伙伴等面前会正常讲话，甚至表现活泼。少数患儿正好相反，在家不讲话，而在学校或陌生场合爱讲话。缄默时，患儿会用动作代替语言，来表达自己的意见，如点头、摇手等，或仅用简单的字眼来表达，如"是""不""要"等，偶尔也会用写字的方式来代替。部分患儿还会拒绝上学。

　　儿童缄默症发生的原因很多，有儿童自身性格因素，如患儿往往具有敏感、胆小、害羞、脆弱等性格特征；有家庭因素，如家庭封闭、隔代抚养、父母过于保护等；有发育因素，如语言能力发育延迟、功能性遗尿等发育性障碍；也有心理因素，如在受惊吓、初次离开家庭、环境突变或其他明显的精神刺激后发病。此外，部分缄默症病例与遗传因素有关。有部分观点认为，儿童保持缄默是出于自我保护、排遣不安的心理感受。

　　儿童缄默症会严重影响儿童的正常生活和社会性发展，因此一旦发现征兆，要尽早治疗。缄默症是心理障碍，治疗上应以心理治疗为主。

　　避免刺激。尽量避免各种会给孩子造成心理影响的刺激，消除紧张因素，提供平和安宁的生活和学习环境，鼓励孩子积极参加各种集体活动，引导孩子学会和别的小朋友交往，邀请小朋友到家中做客，让孩子在熟悉的环境中同朋友进行交流，培养孩子广泛的兴趣爱好和开朗豁达的性格。

营造宽松自在的家庭环境。父母要戒骄戒躁，改善家庭关系，减少对孩子的粗暴呵斥，营造温馨和谐的家庭氛围，不要让孩子生活在恐惧和紧张之中，解除孩子的心理压力和困扰。

淡化言语问题。对于孩子的缄默，父母不要过分关注，否则孩子很难放松下来，更不能逼迫孩子讲话，以免进一步加重孩子紧张、焦虑的情绪，甚至让孩子出现反抗心理。可以采取转移注意力的方法，如陪孩子做游戏、讲故事、外出游玩等，分散其紧张情绪。

诱导矫正。对孩子多鼓励，当孩子主动和客人交流时，包括眼神、手势、躯体姿势、言语等，要给予赞扬。孩子一开口，就要及时地鼓励，增强孩子的自信心。也可以用孩子最想要、最喜欢的东西作为奖励，诱导孩子说话。

每天聊半小时。父母每天固定花至少半小时时间同孩子说话，跟孩子聊他们喜欢的话题，如喜羊羊、灰太狼、奥特曼等，并允许孩子不做回答，消除孩子内心的紧张和焦虑。

症状较重的患儿要在医生的指导下采用药物治疗。

让孩子学会表达爱

每个父母都爱自己的孩子，恨不得把所有的爱全部倾注在孩子身上，但很多父母在付出爱的同时，忘记了教会孩子如何表达自己的爱。爱是相互的，父母爱孩子，就是要把自己的爱以适当的方式传递给孩子，而让孩子学会表达爱，也是爱孩子的一种方式。

一位妈妈曾向教育专家倾诉孩子不知道体谅自己的辛苦的苦恼。

她的儿子 13 岁了，从他小时候起，每天妈妈都很辛苦地照顾他，从日常生活的饮食起居，到学习辅导、兴趣培养，都由妈妈一手打理。可是孩子却很冷漠，对妈妈所做的一切毫不领情。有时妈妈抱怨他不知体谅自己的辛苦，他反而不耐烦地说："是你自己愿意做的，又不是我让你做的。"妈妈既生气又寒心，孩子怎么不知道感恩呢？

在现实生活中，许多父母有类似的困惑：为什么我为孩子做了那么多，孩子却没有心存感激呢？究竟父母应该怎样做，才能让孩子学会感恩呢？其实，仅仅爱孩子是不够的，在为孩子付出一切的时候，如果父母没有把爱以适当方式传递给孩子，孩子内心便无法真正感受到父母的爱。

为此，父母一方面要引导孩子去表达爱，另一方面要对孩子的爱给予积极的回应，使孩子感到他的爱是父母所需要的一种力量。比如，爸爸过生日，妈妈可以与孩子一起为爸爸精心准备礼物，做一顿丰盛的美食，孩子可以从中学习如何表达爱。爸爸感动于母子两人的爱心，流露出激动与喜悦，会使孩子得到鼓励和信心。英国教育家夏洛特·梅森认为，每个孩子心中都有一口爱的源泉，它唯一的事情就是流淌，而在父母这方则要保持体贴、友好、感恩、孝顺、奉献的渠道不封闭、不阻塞，而且永远向前流动。让孩子感觉到他们每一次爱的流露所创造的喜悦，从小在家庭中培养感恩之心。当孩子学会对父母心存感激之时，才会把这种情感扩大到他人与社会。

父母让孩子学会表达自己的爱，就要自己以身示范如何爱人、如何向人表达自己的爱。

让孩子在涂画中发泄情绪

"晨晨，你画的是什么？"

"画的是房子。"

"这是谁家的房子？"

"圆圆家的。"

"他们家的房子为什么是黑色的？"

"是啊，就是黑漆漆的。"

"啊，为什么他们家的房子突然起火了！"

只见晨晨拿着红色的水笔把画面全都涂满，一片大火烧得激烈。

这是一个妈妈和孩子的对话。因为妈妈和爸爸经常忙得照顾不了他，而晨晨本身又比较内向，在学校经常被圆圆欺负，所以这次偶然的绘画机会让晨晨找到了一个发泄情绪的方式。晨晨妈妈没有弄懂这幅图画的意思，所以很吃惊。

孩子画画的时候会把情绪带进去，某些绘画并不仅仅是孩子随意的涂鸦，而是真真切切表达了他们内心的情感。父母要注意到这些图案，综合孩子的行为、语言、心情，来理解孩子所要表达的东西。

图画是孩子和这个成人世界交流的渠道，正如心理学家戴维·奥尔森所说：儿童涂鸦没有一幅画是无意而为。孩子会在画画的过程中倾注着自己的情绪，这是孩子表现自我认知、自我感受的主要方式。了解孩子笔下图案的意义，有助于父母更深层次地了解孩子的内心所想，从而更准确地引导孩子走出情绪的困境。不过需要注意的是，对于孩子的图画，妈妈要客观对待，切勿以自己的个人主观臆想判断。

如果孩子画了一个圆圈，可能就代表此时的孩子很孤独，缺乏安全感。如果画了很多圆圈，可能就表示孩子心情不好，很犹豫，很郁闷。孩子在 3 ~ 4 岁这一时期容易进入一个"圆形符号期"，这个时候的孩子会用圆形和一些简单的线条来表达一切事物，画面往往很抽象，所以家长也要注意加以区别。

如果孩子画了一朵花，被一个大大的太阳照耀着，父母不要被表面的信号所误导，以为孩子所要表达的意思是阳光乐观，其实，这可能正代表着孩子脆弱的一面，孩子的想象力很丰富，同时又十分渴望像花朵一样被阳光的温暖包围。如果孩子画的太阳是黑色的，可能就说明孩子此时感到了压抑。

如果孩子画了格子，可能代表了犹豫，他遇到了困难而不知所措，犹豫不决。妈妈应该及时发现并找出问题所在，引导孩子做出正确的决定。

如果孩子画的是箭头，箭头有尖尖的角，像是英雄手中的矛，其含义可能是愿望甚至是带有侵略性的愿望，指向方向不同则含义也有变化，高处代表他人，低处则代表自己，左边指向过去，右边预示着未来。

如果孩子画的是星星，星星在天空一闪一闪，散发着独特的光芒，可能代表着孩子想要展现自己。妈妈可以在这个时候引导孩子自然而然地展现出自己的才能，让孩子更有自信地面对未来。

如果孩子画的是有棱角的方形或者是三角形，那么这样的孩子一般都很有自己的主意，棱角越是鲜明就代表这个孩子做事越有自己的一套方案，也越不容易听从别人的指挥。

如果你的孩子比较内向，不爱和小朋友们一起玩，经常表现出孤独的情绪，而且他也不愿意和你交流，那么就给他一支画笔吧！让他通过笔下的图案将不良的情绪，特别是愤怒、抑郁、无助发泄出来。此外，父母还可以在生活中多引导孩子去发现美丽的事物，比如树上的小鸟、花园里千姿百态的花朵、超市里堆放在一起的香气四溢的各种水果等，让他将它们一一画出来。这样可以让孩子看到这个世界的美好，同时将美好的心情记录下来，从而培养孩子善于观察的眼睛和良好的心境，可谓一举两得。

给孩子一个专属的宣泄空间

　　曾有心理学家做过一项实验，得出过这样一个结论：当两个个体挨得太近，那么个体就会产生拥挤等不舒适的感觉，因为打破了这两个个体原来所占领域的平衡，进而影响了正常的活动。这被心理学家称为"个人空间定律"。

　　后来，有人为验证这一定律又进行了另外一项实验：在一个房间里安排了超过这个房间所能容纳的人数，于是里面的人感到十分拥挤。这时，如果有个陌生人进来，就会被房间里的人仇视，男性甚至会对这个新来者表现出攻击倾向，房间里的人的焦虑指数也会越来越高。

　　这两项实验结论可以归纳为一句我们常说的话——距离产生美。想象一下，如果一群刺猬为了取暖而抱在一起，会感到暖和吗？

　　某知名演员曾经在节目里说："我很希望自己的房间成为能哭的地方，仅仅是在心情不好时，或者于己不利时有一个避难的场所。"

　　心理学研究表明，只有当一个人的个人空间不被侵犯，个人隐私得到尊重，他的心境才能平和，才能对周围的人和事感到安全。而当一个人的独立区域被外来力量强势侵入，则会表现得不安、焦虑，对事物有所戒备甚至抗拒。

总有些父母打着"为孩子好"的幌子，对孩子的个人空间多加干涉，会对自己不赞同的行为进行呵斥，殊不知这会让孩子的心情雪上加霜。与此同时，他们还可能会因为对父母的"不爽"情绪而拒绝与之沟通，将父母拒绝在心灵的门户之外。

小春一直是个听话的孩子，长辈和邻居也都夸他是个好孩子，可是有一次，这样一个好孩子却和妈妈发生了争执。原来，小春妈妈给小春整理房间的时候，没有经过他的同意就把他很喜欢的一个玩具给扔了。小春很生气："你为什么要进我的房间，还不经过我同意就把玩具给扔了！"小春妈妈见到他这个态度也是气恼不已："我辛辛苦苦给你整理房间，还被你这样说。"一气之下也不管小春了，母子之间因为这件事斗了好长时间的气。

父母和孩子是这个世界上最亲密的人，可是即使如此，父母和孩子之间也是需要"距离"的。很多父母会以担心孩子为由对孩子的个人区域抱有不重视的态度，如随意翻看孩子的日记本，或者不经孩子的同意就扔掉孩子的东西，这会让孩子感到不被尊重而产生消极情绪。家长会常常告诉孩子不要随便翻看自己的东西，因为那很重要，但为什么不换位思考一下：有些东西对于孩子来说也只能是他一个人的宝贝呢？

要知道，孩子作为一个独立的个体，也是需要自己的空间的。这个空间不仅仅是代表个人独立的房间，更是能让他安心学习、玩耍的空间，可以自己独立地做出选择。孩子在这个只属于自己的地方，画画、学习、写字，都能出于自愿。他们可能会想把今天刚刚学过的歌曲再在脑海里演习一遍，或是想把作业留在跳一支舞之后再做，做什么以及何时做都在于自己的选择。能够发出主动性的行为，比被家长强迫做的事，效率自然要高得多，孩子得到的益处也多得多。

阳阳每天完成作业后，剩下的时间就是自己的了，这个时候妈妈会让他自己选择做一些事情，或是待在房间里玩飞机模型，或是到附近公园里和小朋友们一起玩老鹰捉小鸡，有的时候还会发一会儿呆。

妈妈不会干涉他，只是告诉他出去玩的话要早点回家，偶尔也会引导他去做某些事情。

所以，阳阳从小就很善于自己决定，妈妈也感到很欣慰。

给孩子一个充分独立的、自由的空间，让它成为孩子的宣泄空间，孩子可以在这个空间里大叫、乱跑，即使是父母，也不会来多加指责，这会让孩子感到安全，一旦情绪得到宣泄，那么孩子便能自然而然地回归到正常轨道上来。

当然，宣泄空间对于解决孩子的很多问题是有效的，但是一旦遇到在这个宣泄空间里也不能解决的问题时，父母就要和孩子及时沟通，告诉孩子怎样正确控制自己的情绪，在以后遇到同类事情的时候，怎样有效快捷地解决它。

积极暗示，让孩子摆脱坏心理

心理学家巴甫洛夫认为，暗示是人类最简单、最典型的条件反射。所谓心理暗示，是指人接受到愿望、观念、情绪、态度等影响的心理特点。

心理暗示会对人产生强大的力量。在心理学上有一个著名的实验，实验者在接受实验者的手臂上各放了一块试纸，并告诉他们这是一张有特殊功效的试纸，能让试纸所接触地方的皮肤变红变热。10分钟后，实验者把他们手臂上的试纸解了下来，一看，果然那里的皮肤发红并且也变热了。其实，这只是一张普通的纸，是接受实验者的心理暗示让皮肤发生了变化。

同样，心理暗示对于培养孩子的性格、学习习惯和生活习惯以及意志品质方面也有很重要的作用。这些作用有积极的，也有消极的。积极的心理暗示往往比说理教育的效果要好，能融洽父母与孩子之间的关系，含蓄又委婉，有利于孩子在无形中养成良好的性格和心态，帮助孩子往好的方向发展，在积极暗示下成长起来的孩子，其心智发展更全面，品格也更优秀。消极的暗示则是孩子心灵的腐蚀剂，让孩子情绪低落，产生自卑和自弃的心理，让孩子脆弱而娇气，很容易被困难打倒且一蹶不振。

有一天幼儿园放学，荣荣和乐乐一起牵手出了校门，荣荣的妈妈和乐乐的外婆在校门外等着他们。

两个孩子手拉着手，蹦蹦跳跳地朝着妈妈和外婆的方向跑过去，可是一不留神，荣荣摔倒在了地上，乐乐被他顺势一拉，也摔在了荣荣的身边。

两个孩子开始还没哭，完全没什么反应，只愣愣地看着妈妈和外婆焦急地向这边跑来。

荣荣妈妈一把把荣荣抱在怀里，问道："宝贝摔疼了吧？痛不痛？"荣荣听到妈妈的安慰，眼泪哗地掉了下来，特别委屈地哭了起来。

这个时候，乐乐外婆也把乐乐拉了起来，拍了拍乐乐说："没有什么，宝宝一用力就可以起来了，外婆带你去看看那边是不是有好玩的。"于是，乐乐立刻乐颠颠地起来，安慰了一会儿荣荣，便跟着外婆乐颠颠地走了。

其实刚开始荣荣和乐乐都没哭，荣荣妈妈的话暗示荣荣摔倒了是很疼的，于是荣荣感觉到了疼痛，开始哭了起来。但是乐乐外婆暗示乐乐摔倒也没有什么，所以他很快忘记了摔倒的疼痛。同样是摔跤，不同的心理暗示带来的效果是截然不同的。

每天，孩子都能接收到不同的心理暗示，这些心理暗示可以从周围人的身体、眼神、神态等各个角度传达给孩子。有调查表明，几乎 90% 在品质、意识和智力方面有杰出表现的人，在自己的童年或少年时期都受到过来自亲人的积极的暗示，最多的是来自母亲，有的来自父亲、老师、祖父母等。在所有的心理暗示中，来自妈妈的心理暗示是孩子健康成长的关键，因此妈妈在生活中就要特别注意给孩子积极的暗示，让孩子保持乐观积极的心态，从而有助于他的身心健康发展。

给予孩子积极的心理暗示，最重要的就是要注意平时与孩子说话的方式，同一个意思用不同的句子说出来，效果可能就会截然不同。例如，当你想让孩子变得更独立，就要告诉他独立的种种好处，而不能说"如果你不独立，妈妈就不要你了"这一类话来刺激孩子。如果你想让孩子不怕黑，那么可以给孩子讲关于黑夜的美丽故事，在黑夜里，星星们悄悄地说话，花儿们也静静地绽放，让孩子心生向往，从而不再怕黑，而不是给孩子讲关于黑夜的可怕，那样只会令孩子更加消极。

积极的心理暗示在潜移默化中影响着孩子稚嫩的心灵。称职的父母有责任和义务，将积极心态、积极情绪传递给孩子，牵引着孩子朝着健康、积极向上的成长之路前进。

运动，摆脱坏情绪的好办法

国外有一位心理学家曾经用体育疗法对 13 位抑郁症患者进行治疗，并取得了比预想更好的疗效。在治疗的 5 个月时间里，他为他们规定了每天的运动量和各自的运动方式，让这 13 个患者坚持做。5 个月之后，这些病人的病情都有了不同程度的好转，开始愿意与人交流，许多人都感到自己的情绪已经大为改观，并且投入新的工作中去，能正常地学习以及应对自己的人际交往。

由此可见，体育运动对于人的情绪的改善作用是显著的。

情绪可以影响孩子的整体状态和发展走向。好情绪能帮助孩子拥有更好的精神面貌，充满活力；坏情绪则会让孩子陷入泥潭，止步不前。儿童心理学家发现，多进行体育锻炼，不仅可以锻炼身体，增强体质，更能改善孩子的情绪，让孩子摆脱困扰。适度地运动可以帮助孩子调整到一个好的精神状态，摆脱坏情绪的困扰。

岳岳从上幼儿园开始就十分内向，不爱和小伙伴一起玩，总是躲在角落，回答问题时也会十分紧张，最终老师不得不让他坐回去。

对此，岳岳的妈妈十分担心，担心他这么小就患上了自闭症怎么办，于是带着岳岳去医院检查。检查结果出来后，医生说孩子没什么大问题，建议岳岳去学游泳和体操。一段时间后，果然见了成效。岳岳开始和小伙伴们一起玩，人也开朗了很多。

可见，运动缓解了岳岳的紧张情绪，使他向好的情绪方向发展。同样，如果你的孩子找不到一个好办法来排解坏情绪，那么就让他去运动吧！

不过，运动的种类繁多，情绪的种类也为数不少，不同的运动所改善的情绪当然不同。以下就是一些运动所具有的情绪调节作用介绍，父母可以针对自己孩子的具体情况，进行选择和调整。

如果所处环境长期稳定不下来，在一个地方待不了多久就马上要换到另一个地方，孩子就容易产生焦虑情绪。心理学家研究发现，克服焦虑情绪的最佳运动是荡秋千。据资料显示，每天荡秋千20分钟，大脑分泌的"快乐因子"多巴胺就会增加80%，孩子的焦虑也就大幅度降低了，从心里感受到快乐。如果你的孩子不是很喜欢这一运动，那么还有钓鱼、双手接球一类的运动可以选择。

如果孩子经常感到沮丧，没有信心去做本来应该会做的事，总是小心翼翼担心会失败，这个时候就可以让他多进行跳绳、跑步等简单又能在短期内取得成效的运动。如果孩子会游泳的话，那么还可以让孩子在水中游个20分钟，一切消极情绪就可以有效得到缓解了。

如果孩子容易骄傲，争强好胜心很重，可以安排一些比较复杂的运动，比如千米长跑、乒乓球、跳水等。但是，需要注意的是适度即可，不可为了防止孩子骄傲就打击孩子。过于骄傲和过于自卑，这两个极端相信哪个方面都不是父母愿意看到的。

　　如果孩子容易暴躁，没有耐心，那么就可以多让孩子进行下棋、太极拳等需要耐心才能完成的运动，让孩子的情绪逐渐慢下来，不骄不躁地去完成一件事。

　　但是需要注意的是，运动要以孩子的健康和生命安全为前提。在孩子的情绪比较强烈时，他是不适宜进行运动的，因为人的情绪会直接影响人体机能的正常发挥，进而影响心脏、心血管及其他器官，太过强烈的情绪可能会对孩子的身体健康产生极为不利的影响，甚至会给生命带来威胁。此外，进餐后也不适宜马上运动，因为此时会有较多的血液流向胃肠道，以帮助食物的消化吸收。

对于孩子的缄默，父母不要过分关注，否则孩子很难放松下来，更不能逼迫孩子讲话，以免进一步加重孩子紧张、焦虑的情绪，甚至使其出现反抗心理。可以采取转移注意力的方法，如陪孩子做游戏、讲故事、外出游玩等，分散其紧张情绪。

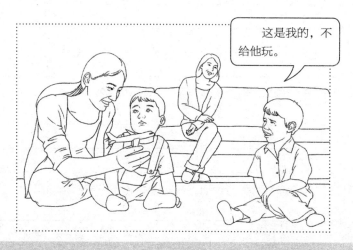

教导孩子学会分享，比如给家人买东西时每人一份，帮助孩子发现分享的快乐，减轻独占的心理。教会孩子交换、借与还的概念，比如拿苹果跟孩子换梨子。

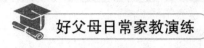

好父母日常家教演练

1. 你的孩子如果过于沉默，你会想到哪些方法帮助他勇于和外界交流？

———————————————————————————

———————————————————————————

———————————————————————————

2. 你会如何化解孩子过强的占有欲？

———————————————————————————

———————————————————————————

———————————————————————————

3. 在日常生活中，你会向孩子表达爱吗？你会鼓励孩子学会如何表达爱吗？

———————————————————————————

———————————————————————————

———————————————————————————

4. 当孩子几岁时，你会给他准备一个独立的空间？

———————————————————————————

———————————————————————————

———————————————————————————

5. 你的孩子都喜欢哪些运动方式？你会和孩子一起运动吗？

———————————————————————————

———————————————————————————

———————————————————————————